人生で大切なことは、ほぼほぼ子どもが教えてくれた。

おおたとしまさ

集英社文庫

人生で大切なことは、ほぼほぼ子どもが教えてくれた。

目次

第二部　しあわせな逆説

人生で
大切なことは、
ほぼほぼ
子どもが
教えてくれた。

美がまえにある
美がうしろにある
美が上を舞う
美が下を舞う
私はそれにかこまれている
私はそれにひたされている
若い日の私はそれを知る
そして老いた日に
しずかに私は歩くだろう
このうつくしい道のゆくまま
（ナヴァホ族の讃歌、真木悠介『気流の鳴る音』より）

まえがき

子どもが「パパ〜！」って無条件に胸に飛び込んできてくれるのなんて、ほんの数年間。たとえば、小学校に上がる六歳くらいまでだとしましょう。

子どもが生まれてから六歳になるまで、毎週の日曜日を子どもとべったりすごせたとして、それって自分の人生の何パーセントくらいにあたると思います？

日曜日は一年間に約五〇回あります。それが六年間ですから三〇〇日です。一方、ひとの一生は約三万日などといわれます。単純に割り返してみると、たった一パーセント。自分の一生のうちたった一パーセントですよ。

パパがパパでいられる時間は意外と短い。

それに気づいてから、私のなかで時間の損益分岐点が変わりました。

本書は、私の生涯二冊目の著書である『パパのネタ帖《ちょう》』（赤ちゃんとママ社）の復刻版です。二〇〇九年に出版された元本は、Ａｌｌ Ａｂｏｕｔというポータルサイトで約二年半続けた週刊連載「パパはチビのヒーローだ！」を抜粋・再構成したものでした。

今回リバイバルするにあたって、元本の内容を転載するだけでなく、パソコンの中でほこりをかぶっていた古〜いフォルダから、もともとの連載の原稿一三〇本以上をすべて引っ張り出してきて、吟味して、追加しています。元本では連載から約三〇本のエピソードを転載したのですが、今回の本では約六〇本のエピソードを掲載しました。倍増です。お得でしょ⁉

これらのエピソードは、二〇〇六年一〇月から二〇〇九年三月までに書かれたものです。「イクメン」という言葉ができて、世の中に浸透していく時期とちょうど重なっています。

長男である「チビ」は、ちょうど幼稚園生だったころです。長女の「ヒメ」は、まだ未就園児でした。私は、三〇代半ばの比較的若いパパでした。「ママ」は……、まいっか。詳しくは述べませんが、私よりだいぶ年上のしっかり者です。

いま当時の原稿を読むと、恥ずかしい点、お見苦しい点がたくさんあります。時代背景的に、古いジェンダー・バイアスが前提になってしまっていた表現も散見されます。できるだけそのまま転載し、代わりにいまの私の視点から、「ふりかえり」として、いちいちツッコミを入れました。若かりし過去の自分へのひとり時間差ツッコミです。

僭越《せんえつ》ながら、現在私はさまざまなメディアで子育てや教育に関するコメントをしていますが、それはあくまでも長年の取材経験の賜物《たまもの》であって、私がひとりの親として、最初からそういう視野をもっていたわけではないことがおわかりいただけるのではないかと思います。

一方で、ごく最近書いた本の表現とそっくりなことを、当時の自分がすでに書いていたことも、多々発見しました。初めてパパになって感じた戸惑いや、問題意識、そして信条を、これまで私はずっとそのまま抱え続けて生きてきたのだなと再確認しました。

その後、名門校、中学受験、習い事、幼児教育、塾歴社会、教育虐待、不登校などなど、私が書く本のテーマはどんどん広がっていきました。いままで著した本はおよそ八〇冊です。

「おおたさんの書く本は、次から次へと違う方向を向いていますよね」と言われることもときどきあります。でも、私の感覚ではむしろ、いつも同じ問題意識に違う角度から光を当てて、その全体像を浮かび上がらせようとしているだけなのです。

その原点が本書にあるといえます。

今回の文庫化にあたっては、第二部として、「その後」の話も収録しています。

第二部の第一章と第二章は、チビとヒメがそれぞれ一〇歳になったときに行った海外旅行記です。その最後には、「子育ての〈第二幕〉が終わったような気がした。〈第三幕〉が楽しみだ」というくだりがあります。

乳児をおぶっている時期が〈第一幕〉。親子がほぼ一体化していますよね。「九つまではひざの上」というくらいの時期までが〈第二幕〉。親子が付かず離れずの距離感にいる時期です。そこから先が〈第三幕〉。子どもが親からどんどん遠ざかっていくように見える時期です。あくまでも私の感覚での勝手な分類です。

その〈第三幕〉にあたる話として、第二部の第三章と第四章があります。どちらにも、チビもヒメも出てきませんが、親としての私の考えが込められています。

第三章は、ヤングアダルト向け文学の「解説」として書いた文章です。実はティーンエイジャーになったチビとヒメに向けてのメッセージでもあります。第四章は、ある映画の「解説」として書いた文章です。ひと言でいえば、子離れの話です。

ここまでくると、親として直接的に子どもに伝えるべきことは、もうあんまり残されていないなという気がしています。

いろんな生き方があるというひとつのサンプルとして、私のこれからの人生を、子どもたちには見ていてほしいなと思います。子どもたちに見られて恥ずかしくない人生をおくることが、自分のモチベーションにもなっています。

ここで「恥ずかしくない」っていうのは、社会的な成功とかとは関係なくて、あくまでもひととして恥ずかしくない生き方をするってことですね。それって何なんだろうというのも、私にとって大きなテーマなんですけど。

そのお手本として、私が憧れる、ある実在の人物についての話を、第二部・第五章に収録しました。

彼は、これからの時代に必要とされる人物像のロールモデルだと思います。子育てや教育の文脈では、「これからの時代に必要な人材は？」とか「これからの時代に必要な能力は？」のような話がよくなされますが、私の結論は、彼のようなひとを育てればいい、です。そのためには親自身も、彼のようなマインドをもって生きることが大事だと思います。

つまり第二部・第五章は、いわば私のこれからの人生に対する所信表明みたいなものですね。いや、どんなに頑張っても、彼の足下にもおよばないことはわかっているのですが……。あくまでも努力目標ということで（笑）。

さて、さっさと本編を読んでもらったほうがいいと思うので、ひとまずここまでにします。

それぞれのエピソードが比較的短いコラムになっていますので、どこから読み進めていただいても構いません。タイトルを見て、気になるページを拾い読みしてもらっても構いません。私の信条の核みたいなものを手っ取り早く知りたいという場合には、第一部・第一一章から第二部までを読んでもらうといいかもしれません。

各エピソードの時系列はバラバラです。会社員時代の話も出てきますし、独立して外に事務所があったときの話もありますし、自宅に事務所を移してからの話もあります。そのあたりの細かいことはあまり気にせずに読み進めてください。

そもそも私がなぜ会社を辞めたのか、それによって生活にどんな変化があったのか、まさにＡｌｌ Ａｂｏｕｔ連載中の母の死、連載終了後始まった父の介護なども含めて、これまであまり公には語ったことのなかった本書の背景にあたる経緯については、巻末の「あとがき」で述べることとします。

第一部
チビはパパのヒーローだ！

序章 あなたの育児はきっと「これでいいのだ!」

今日も仕事に育児にお疲れ様です!

この本を手に取ってくださったパパはきっとすでにパパとして相当のセンスをおもちの方でしょう。この本を手に取ってくださったママはきっと子どものことだけでなく、パパのことにも気遣いできる最高のママでしょう。まだお子さんがいないのに、本書を手に取ってくださった方は天才的な親の才能をおもちの方に違いありません!

そんな素敵な方々に、いまさら私がどうのこうのと能書きをたれるつもりはありませんからどうかご安心ください。

世に出れば未曽有《みぞう》の不況、家庭に帰れば未曽有の密室育児ストレスを抱えてキーッとなっているママが待っている……。正直、パパとしてはかなりつらい状況です。

それなのに女性誌では「バリバリ仕事して、しっかり稼いできてくれるけど、家にも早く帰ってきてくれて、家事も育児も進んでやってくれる。自分の愚痴は漏らさずに、ママの愚痴には何時間でも付き合ってくれる。子どもとたくさん遊んでくれるけど、ママへの愛情表現も欠かさない。ときにはビシッと子どもを叱れるけど、ママのことは絶対に非難しない。適度におしゃれで、かっこいいけど、ママ以外の女性には見向きもしない……」などという、理想のパパ像ができあがっているようです。

そんな男性がいたら、僕が結婚したいくらいです。

残念ながら本書を読んでも理想のパパ像に近づけたり、育児の正解がわかったりはしません。子育てを言い訳に、会社を辞めちゃったり、仕事をさぼったりしているダメパパの醜態をさらし、世の中のパパやママに「これよりはましだ……」とか「こうはなりたくないな……」とか、いろいろ思っていただければいいなという思いで書かれたものです。お役に立てるような具体的なノウハウや情報もあまりありません。

しかし、本書を読み進めるうちにみなさんの心の中に、ある肯定的な感情が芽生えてくるのではないかと期待してます。

「これでいいのだ！」

誰とは言いませんが、歴史的に有名な、あるパパの名セリフであります。

あなたのあの世界一かわいいお子さんは、あなたを親として選んでこの世に生まれてきてくれました。あなたのお子さんが望んでいるのは、〝理想のパパ〟や〝理想のママ〟に育ててもらうことではなく、〝あなた〟に育ててもらうことです。

あなたがあなたらしく、「これでいいのだ！」と自信をもって、はちゃめちゃな子育てをしてくれることを望んでいるはずです。

……と、都合の良い自己弁護ばかりしていると、またママに怒られそうなので、さっさと次に行きましょうか、ね。

〈登場人物〉

パパ　ママに怒られてばかりの子どもにあま〜いパパ。

ママ　家族の手綱を引き締める、しっかりもののまじめ〜なママ。

チビ　「田舎の子みたい」とよく言われる東京育ちのやんちゃな男の子。

ヒメ　パパとチビが怒られているのをニヤニヤ見ている要領のいい女の子。

〈本書使用上の注意〉

●基本的に、よい子はまねをしないでください。

●本書に書かれていることをまねても〝いい子〟は育ちません（実証済み）。

●仕事中に読むと、ホームシックにかかることがあり、危険です。

●本書がもとで夫婦喧嘩《げんか》が起きたとしても、本書は一切責任を負いません。

第一章

おでかけはアドベンチャー！

たまにはママをおいて、子どもとパパだけで一日ちょっぴり遠出をしてみましょう。ママにとってはめったにないひとり時間をプレゼントすることにもなりますし、パパにとってはママなしで自分がどこまでできるのかを試すチャンスになります。ふだんママがひとりでどんな苦労をしているのかを知ることにもなります。

たった二駅電車に乗って、歩いたことのない商店街を歩くだけでも子どもにとっては新世界へのアドベンチャー。冒険心が盛り上がりすぎると、「あっ、見て！　こんなところに郵便ポストがある！」なんて、まったくどうでもいいことまで感動してくれます。

感動の嵐はいいのですが、子どもは決して大人の期待するようには動いてくれません。食事を始めた瞬間、「うんちー！」と叫ばれ、トイレに駆け込むこともしばしば。目的の駅まであと一駅でも「おしっこがまんできない……」とモジモジされたら途中下車するしかありません。おもちゃ屋さんの前で「これほし～」と駄々をこねられることもあるでしょう。

一歩先、一秒先の予測がつかない子連れのおでかけは、どんなに晴れている日でも「一寸先は闇」状態。特にママのいないふたりっきりのおでかけは、パパにとってもまさにアドベンチャーなのであります。そのスリルを楽しめるか、ストレスと感じるか……パパとしての懐の深さが試されますね。

想定外の事態に遭遇したときに、パパがどう対処するか。子どもはよーく見ています。パパがおおらかに、「ま、見られなかったはずの景色を楽しもう」と思えるようなら、不測の事態にも動じない子どもに育つでしょう。パパが失敗にこだわり、いつまでもキリキリしてしまうなら、失敗を引きずる子どもに育つのではないかと思います。

子連れのおでかけでは、スケジュールなんて最初から無意味です。それどころか、大人のペースにあわせようとすればするほど、ストレスはたまります。無計画に子どものペースにあわせてみる。そんな一日もたまにはいいのではないでしょうか。

男ふたり旅は突然に　（チビ三歳　ヒメ〇歳）

ある休日、突然思い立った。

そうだ、たまにはママを解放してあげよう！

チビを一日連れて出かければママもきっとご機嫌だ。


行き先は決めてあった。

そう、羽田《はねだ》空港。

飛行機の離着陸を見せていれば お金もかからないし、遊ぶところもありそうだし、なんとなくチビにソンケーされそうだし（僕が操縦するわけじゃないけどさ）。


しかし、空港に着いてほんの一〇分もたたないうちに、うすうす（というか、かなり）予想していたセリフをチビが口にした。

「パパ、ボク、飛行機乗ってみたい！」

う～ん、やっぱり僕の子だ。

「〇〇してみたい！」と言われるとパパは弱い。

「飛行機乗りたい！」と言われても「こんどね」と言えるけど、「ボク飛行機（乗ったことないから）乗ってみたい！」と言われたら、そりゃあ弱い。

未知の世界に憧れる幼子のけなげな願い、パパがかなえてあげられなくて、誰がかなえてあげるのか！


「うーん、どうしようか。お金あるかな？」などと一応困った顔をしてはみるものの、僕の気持ちは決まっていた。

「ボクのパパは飛行機にだっていつでも乗れちゃうんだー！　すごいんだ！」……とか思っちゃうだろうな、こいつ。


かくして僕たち親子は片道チケットを手にして機上の人となった。

いちばんチケットが安かった大阪までの約一時間。それはもう感動の嵐だった。

「ほら、雲より上を飛んでるよ！」

チビとの初めての男ふたり旅に感極まり、調子に乗った僕は「今日はパパとふたりでお泊まりしようか？」と誘ってみた。

まるで女の子を初めてのお泊まりに誘うように。

週末の昼過ぎ、ひともまばらな伊丹《いたみ》空港に到着。

さて、これからどうしよう？

とりあえずリムジンバスに乗り、梅田《うめだ》をめざす。

この無計画さがたまらない！　ママといっしょじゃこうはいかんもんね！　おっと！

忘れてた。


バスを降りたところで僕とチビの悪ガキふたり、得意な気分でママに電話。

「ママきっと驚くよ！」とダイヤルしたケータイをチビに手渡す。

「いま、オオサカっていうところ。今日はパパとお泊まり！」

チビがケータイに意気揚々と語りかけるが、どうも話が盛り上がっていない。

ふと、よぎる不安、そして次の瞬間、的中……。

「〝勝手にしなさい！〟だって」と困惑した様子でケータイを差し出すチビ。

マズイ……ママ完全に怒ってる。

おそるおそる電話を代わるとまったく無表情な声。

やばい、怒り指数最上級！

「えーと、きょ、今日中には帰るから……」

「勝手にしてください。プーッ、プーッ、プーッ」

……。

「まずいぞ、チビ。ママすごく怒ってるよ。今日はお泊まりやめて帰ろう」

「パパのウソつきー！」とぐずるチビの気休めに梅田のデパートでおもちゃを買い、すぐに伊丹空港行きのリムジンに飛び乗った。

たった三時間の大阪だった。

鬼と化したママの顔が目に浮かび帰りの機中で食べた空弁の味は記憶にない。


それから二週間（三週間だったかも……）、ママは口をきいてくれなかった。

そんな夫婦の空気を気にもとめず、毎日のように機内でもらった飛行機の模型を取り出して「ボクここに乗ったんだよね。すごいよね」とうれしそうにはしゃぐチビ。

「だから、それを言うなって！」


ところで、この話をして、「いいパパだね」と言うひとと、「そりゃ、怒るよ」と言うひとと、大きく分かれる。

総じて現役ママたちには不評だ。

良かれと思ってしたことも、立場違えばなんとやら。
だから夫婦は面白い。

★ふりかえり
若気の至りとはこのこと。子どもを言い訳にして、社会常識に対する抵抗を試みて、「オレ、かっけー」ってなってる痛いひとですね。結局チビとのお泊まりの約束も破るし……。ストレス溜《た》まってたんでしょうねー。

うんちっち警報　（チビ三歳　ヒメ○歳）

通園路、公園、遊園地、レストラン……、どこにいたっておかまいなし。
その恐怖の叫びは、いつも突然パパを襲う。

「パパ、うんち～～～！」

ガーーーン！

あるときは、スーパーでお買い物しているとき。
あるときは、とってもおいしいカレーを食べているとき。

ここで、「なんでさっき行っとかなかったの！」とか「もう少し我慢できないの？」などと大人の都合をグダグダ並べていると、〝うんこもらし〟という最悪の結末を招くことになりかねない。

この恐怖の叫びが聞こえたらまず、それまでの行動の目的をいちど忘れて、最寄りのトイレを探すことに意識を集中する。

マークを見つけたらチビといっしょにダッシュする。
ときにはチビを抱えてダッシュする。

このときにムカついたり、面倒くさくなったりしないように、自分のモチベーションを高く保つ秘訣《ひけつ》は、「チビ、もう少しだ、頑張れ！　オマエを見殺しにはしないぞ！」と、大けがか大やけどを負ったわが子を病院に連れて行く途中なのだとイメージすること。

そうすると、余計な感情は消え去り、ただトイレへとまっすぐに進むことができるようになるのでお試しあれ。

「あぁ、間に合った～」と、トイレに駆け込んでも油断は禁物。

チェックその１＊紙はついているか？
チェックその２＊洋式はあるか、和式でいくか？
チェックその３＊便器はきれいか？

スーパーや駅のトイレはだいたい問題ない。
問題は公園の片隅や道ばたにある公衆トイレ。

数日前に誰かが残していったうんちが便器の縁にこびりついていることもある。
そこで僕のアタマのポンコツコンピュータが超高速計算を始める。

……別のトイレまで走る時間と、この便器をそうじする時間とどちらが早いか。

ポンコツコンピュータが後者を選択した場合、パパは、「チビ、もうちょっとだけ我慢しなさい。パパがこのトイレをきれいにするから！」と言って、公衆トイレの誰のモノともわからないモノをお片づけすることになる。

「オェ～～～～～」

腹の底からこみあげる嘔吐《おうと》感に負けてはいけない！

「これもチビのため！」と息を止めて作業を続ける。

「ゼイゼイ……」

ときどきトイレの外に出て息を整え、また突入。

そんなとき、僕はイメージする。

「もし、チビがこのままここで用をたしているうちにズボンが便器に触れて、誰のモノともわからないモノがズボンにベットリついちゃったら……」

そんなことになってたまるものか！

スッゴク強い悪者と戦うヒーローのように、僕は勇気を振り絞って便器と格闘するのだ。

公衆トイレをそうじしていると、

「オレも強くなったなぁ」

なんて、感慨に浸ってしまう。

チビのためなら他人様《ひとさま》のうんちもつまめてしまうなんてさ。


それなのに、家ではトイレそうじしたことないなぁ。

公衆トイレそうじに比べれば、自宅のトイレなら素手でもOK！ってなもんだ。


よし！　こんどやってみるか！

だって、料理が得意なパパより、トイレそうじが得意なパパのほうがなんかかっこいいもんね！


って、素手はさすがにやめとくけどさ……。

★ふりかえり

この十数年で、公衆トイレはとてもきれいになったと思います。コンビニのトイレが気軽に使用できるようになったのも実は比較的最近ですから、かつて子連れで突然のトイレに対応するのはとっても大変だったんです。また、このころは、男性用トイレにおむつ替えの台が備え付けられていることはほとんどありませんでした。しょうがないので個室に入って、左手に子どもを乗せて、右手でおむつを替えるという芸当も身につけました。自分が小便をするときには、肩車をしながら用を済ませたものです。それにしても、このころは家でトイレそうじすらしていなかったんですね、私。ここでの宣言通り、その後、家のトイレをそうじするようになりました。自分でいろいろ調べてお気に入りの洗剤やブラシを買ってくるとモチベーションが上がりますよ。

ヒッピーと動物園　（チビ六歳　ヒメ三歳）

天気がいいから動物園でも連れてくか。

土曜日のお昼過ぎ、チビとヒメと僕の三人で上野《うえの》動物園に行くことにした。

上野の駐車場から動物園に向かう途中、チビが前のひとのかかとを踏んでしまった。

「あ！　すみません」

とっさに謝る僕。

「えへぇ、いいっすよ～」

と、振り返ったお兄さんは色黒でドレッドヘアのヒッピー風。

「気をつけなよ」

チビに注意したその直後……。

「あたっ……」

また、同じお兄さんのかかとを踏んだ。

「あ！　ほんと、すみません！」

「えへぇぇぇ、いいっすよぉ」

でれでれ笑う、ヒッピーお兄さんは腰が低い。

「ねぇ、なんでそんなアタマしてるの？」

かかとを踏んでおきながら、チビがずけずけと聞く。

「えへぇ、えへぇ、ヘンでしょ（笑）。へへへっ」

明らかに様子がおかしい。

すると、ヒメまでもが「なんでしょんなアタマしてんの～」と、チビのまねをする。

「えへぇ、なんでだろ？　わかんないなぁ。えへぇ」

「ほんとに、すみません」

僕が謝る。

ヒッピー兄さんと横に並んで歩いていると、臭い！

このひと、昼間っから相当飲んでるよ！（僕もひとのこと言えないけど……）

悪い人じゃなさそうだけど……。

「ほら、お兄さんにバイバイして。動物園行くよ！」

「えっ！　動物園行くの？　いっしょに行こうか？」

「いっしょに行く～！」

チビもヒメも大喜び。

おいおい、知らないヒッピー風のお兄さんといっしょに人混みの中を歩くって、結構リスキーだぞ。

僕の不安をよそに、チビとヒメはヒッピーお兄さんと手をつないでいる。

「お父さん、ごいっしょしていいっすかね？」

「……ぇ、え、まぁ」

僕の直感は「このひとは大丈夫」と言っている。

しかし、こればっかりは慎重にいかなければ。

そして、片時も目を離せない。

「ボク、コージです。よろしくお願いします」

動物園のゲートまで歩く道すがら、自己紹介。

「コージさん、臭いっすよ」

すかさず僕はツッコミを入れる。

「えっ！　ホントすか？　昨日遅くまで友達と飲んでたから。えへぇ（笑）」

「つい数週間前にインドから帰ってきて、久しぶりに動物園でも行こうかなと思って……」

「インドのどこ？」

「ゴアとバラナシです」

……やっぱりヒッピーだ。

「バラナシは一〇年以上前にボクも行きましたよ。ゴアは行ったことないなぁ」

もともと海外旅行雑誌の編集者をしていたこともあって海外のことはそこそこ詳しい僕と、話が合った。


動物園の中。

肩車してもらったり、ギャグを教えてもらったり、はちゃめちゃなコージさんのテンションに大喜びのチビとヒメ。

アフリカの旅で見た野生の動物の話なんかもしてくれる。

僕は、そんなコージさんとの会話を楽しむ一方、チビとヒメからは片時も目を離さず、最後までコージさんと子どもたちだけにはゼッタイにならないように警戒心は解かなかった。

ひととおりの動物を見て、そろそろ閉園の時間がやってきた。

「そろそろ、帰ろうか！」

僕はチビたちに呼びかける。

すると、コージさんは、

「そろそろ行かれますか？　じゃ、ボクはあっちでやってるお祭りをのぞいていこうと思うんで、ここらで、失礼しまっす！　ホント楽しかったです。ありがとうございました」

両手を合わせ、インドの〝ナマステ（ありがとう）〟のポーズをして、その場からさっと消え去った。

メルアド交換も何もなし。

そこがヒッピー。

世界を旅するヒッピーは、一期一会を楽しむひとたち。

知らないひとにはあいさつもしちゃいけない。

学校帰りの子どもに近所のおじさんおばさんが声をかけるだけで、不審者と区別がつかなくなるからやめてくださいと怒られる。

知らないひと同士なら、当然緊張感が必要だ。
しかし、知らないからといってすべてをシャットアウトするのでは、ひとは育たない。
世界を旅して、一期一会を楽しむ、ヒッピーのたくましさも必要だ。

もっと、知らないところへ出かけよう。
知らないひとと話をしよう。
パパがついていれば大丈夫。
パパといっしょにいられるうちに、いろんなところに行こう！

★ふりかえり

ひとは見た目で判断しちゃいけないっていうのは子どもたちに伝えたい大事なことで。このときはコージさんにいい経験をさせてもらいました。でもこれは、いざってときに体力勝負になるかもしれないリスクを考えると、なかなかママにはできないことかもしれませんね。

恐竜博物館　（チビ五歳　ヒメ二歳）

スーパーのはしっこには恐竜が戦うゲームが置いてあって、小さな子どもたちが夢中になっている。

その影響か、最近チビも恐竜に興味を示しだした。

しかし、よく聞いていると、どうも恐竜がいまもどこかにいると思ってるらしい。

どこかに潜んでいるってことじゃなくて、キリンやゾウのようにどこかにフツーに暮らしているという意味で。


「明日、恐竜の骨を見に行こうか！」

上野の科学博物館へ行くことにした。


恐竜の展示室のちょっと薄暗い入口を前にいきなり腰が引けてるチビ。

いきなりティラノサウルスが出てきたらどうしようとか思ってるに違いない。

「骨しかいないから大丈夫だよ」

……何度説明しても恐竜が生きてるって思ってる。

「うを〜、でか〜〜〜〜！！！！」

実物大の恐竜の骨組みを前に、予想以上の感激ぶり。

……連れてきた甲斐《かい》があったぜ。


「この骨はぜんぶ、化石っていうの。ずーっと土の中に埋まってて、石みたいになってる骨のこと」

「カセキかぁ」


僕のカメラを奪うと、あれもこれもとファインダーに収める。

「これもママに見せてあげよう！」パシャ！

「これもママ驚くんじゃない？」パシャ！


「オレ、恐竜の骨を観察するひとになりたいなぁ」

「そりゃいいじゃん！　岩のゴツゴツしたところに行って、骨がないかなーって、よーく調べるんだよ」

「外でやるんじゃなくて、ここでするの！」

「そんな仕事ないよ」

「…………」


「パパ、パパ、これだよ。これ買って！」

ミュージアムショップでフィギュアを欲しがるチビ。

興味をもっているときには存分にその思いを盛り上げてあげたい。

そう思うパパの脳裏にママの顔がよぎる。

……う～ん、どうしよう（汗）。

「欲しいよな……」

ウルトラマンフィギュアじゃなくて、恐竜フィギュアならママも怒らないだろう。

科学のお勉強だから、これは。


ということで、結局、恐竜フィギュアと恐竜図鑑とＤＶＤと、フルセットを購入。


「そうだ！　パパの昔のおうちに行けばきっと化石があるぞ。恐竜じゃないけど」

「カセキ欲しい！　いまから取りに行こう！」

「よし！」

上野から僕の実家へ移動。

昔僕の部屋だった部屋の棚を探すと……。

「あった！　コレだよ化石」

「なんでパパ、カセキもってるの？」

出た！　ソンケーのまなざし。

「小学生のときに集めてたの。買ってもらったんだ」


「これはなんていう恐竜？」

「これはアロサウルス」

「これは？」

「これはトリケラトプス」

家への帰り道、フィギュアを見ながら恐竜研究が始まる。

フィギュアもムダじゃないいな、ほっ。


「ねぇ、パパ。家に帰ったらぜんぶの恐竜の名前をひらがなで書いて。そうすればオレぜんぶ覚えられるから」

「いいよ～♪」

「ただいま～。コレ買ってもらっちゃった！」

袋から図鑑、ＤＶＤ、フィギュアが次々と出てくる。

パパ、横目でママの表情を確認しながら、念のためちょっとその場を離れる。
1、2、3……。
ふーっ。爆発しなかった。

セーフ！


さっそくフィギュアを並べて写真撮影。

プリントアウトして、それぞれの恐竜の名前をひらがなで書いてあげる。

これは立派な科学の勉強！

文句あるか！


博物館のレストランでパパはカレー、チビはお子様ランチを食べているとき、ふーっと遠い記憶が甦《よみがえ》った。

「もしかして。ここ、昔来たことあるぞ。そうだ、じぃじと来たんだ！」

じぃじ、つまり僕の祖父は、よく僕を散歩に連れて出かけた。
博物館や美術館やときには映画館にも。
このまえ実家の古い棚を整理していたら、じぃじが僕にあてて書いた手紙が出てきた。
イラスト入りでトンボのとり方が書いてあった。
「俺がチビにしているのと同じようなことを、じぃじも俺にしてくれてたんだな」
チビにはそういうことをしてくれるじぃじがいない……。
ダイジョーブ！　パパが一手に引き受けるから！
こんどはパパと美術館行こうな！

★ふりかえり

私は幼いころ、祖父母やおじさんおばさんを含む一三人家族で暮らしていました。長屋暮らしみたいでした。初孫だったので、祖父にはとてもかわいがられました。いろんなところに連れて行ってもらいました。いま思えば、あれも教育的かかわりだったんでしょうね。しかもよく歩かされました。極力乗り物を使わず、三時間も四時間も歩くんです。四〇代も半ばを超えてから、私はその日の執筆がすんだら五

〜一〇キロを歩くことを日課にしています。心身を整えるためです。幼い日、祖父と歩いた経験が、そうさせているのかもしれないなと思うことがあります。

映画鑑賞　（チビ六歳　ヒメ三歳）

映画というものを久しく見ていない。
いや、違った。
そういえば二カ月くらい前に見たぞ。
『仮面ライダー』。
チビとヒメといっしょに。

仮面ライダー電王とキバ。
新旧の仮面ライダーが共演するという映画をチビは楽しみにしていた。

公開当日。

約束通り映画館へ。

混んでるんだろうなぁ～。

と、思いきや。

蒲田《かまた》の商店街の外れにある、古びた小さな映画館はガラガラ。


なーんだ、楽勝じゃん。

子ども用のシートもある。

ポップコーンでもつまみながら見たいところだけど、ゼッタイにこぼしちゃうからNG。

映画の後半には、ヒメは座席ですやすや寝てしまった。


これで一時間半ゆっくりできるんだから、映画館って結構いいぞ。


そうそう、子ども用の映画じゃなくて、大人用の映画の話。

映画館なんてとんと行ってないな。

たま～に家でＤＶＤを見る程度。

子どもがいるとDVDを見る時間っていうのも限られちゃう。

僕が見たい映画を見ようとすると、ヒメがすかさずアニメのDVDに差し替えようとしたり、チビがドリフターズのDVDを見たいと言い出したりするから。

子どもたちもママも寝てしまってから、一人で古いDVDを見ることがある。

ジャンルはいろいろだけど、〝パパもの〟も多い。

〝パパもの〟の中でいちばんのお気に入りは『ライフ・イズ・ビューティフル』。

パパのみなさんには(ママにも!) ぜひおすすめしたい映画。

第二次世界大戦でナチスの強制収容所に捕らえられたユダヤ系イタリア人の三人家族を描いたもの。

『シンドラーのリスト』のようなシリアス路線ではなく、全編に〝切ない笑い〟が込められている。

大人は強制労働。老人と子どもは処刑。

そんな絶望的な状況のなかで、主人公グイドは五歳の息子ジョズエを自分の宿舎のベッドにかくまう。

グイドは息子を守るため、壮大で楽しい〝嘘《うそ》〟をつくことを思いつく。

「ジョズエ、ここはゲームをするところなんだよ！　優勝すれば本物の戦車がもらえるんだぞ！」

どんなに絶望的な状況のなかでも、彼は常に機転を利かし、笑顔で息子に嘘をつき続ける。

毎日の過酷な強制労働のあとにも子どもには疲れを見せず、笑顔で接する。

支給されるわずかな食事を懐に隠し、宿舎に持ち帰り、ベッドに隠れている息子に、上手にかくれんぼしているごほうびとして与える。

彼の無限の愛情と鉄の意志と壮大かつ緻密な嘘のなかで、ジョズエは守られ、笑顔を失わない……。

あるときは、収容所の放送室に潜り込み、スピーカーのボリュームを最大にして言う。

「昨日、君の夢を見たよ！　映画に行った夢だ。君だけを思ってるよ！」

ジョズエも言う。

「ママ！　ボクたちがいま、一等賞だよ！」

その声は隣接する女性用の収容所にいる妻ドーラの耳に届き、ドーラもまた絶望から救われた。


絶望的な状況下で、彼は腕力ではなく機転とユーモアで家族を守ろうとした。

彼の笑顔が盾となり、襲いかかる死の恐怖を一歩たりともジョズエに近づけなかった。

ランボーよりもシュワちゃんよりも強いパパの話。


家族を守るって、腕力に頼ることでもお金に頼ることでもなくて、こういうことなんだって、グイドが教えてくれた。

僕がこの映画を見たときはまだ独身だった。

でも、そのときからグイドが僕の〝理想のパパ〟になった。


僕はちょっぴりつらいことがあると、グイドを思い出す。

満身創痍《まんしんそうい》になりながらも、決して悲観的にならず、ジョズエに見せ続けたあの笑顔を思い出す。


そして、僕はよくグイドを気取ってチビやヒメやママの前でおどける。

チビやヒメには好評だけど、ママにはあまり相手にされない……。

現実は映画のようにはうまくいかない。

★ふりかえり

本当の意味で子どもを守るって、両手を広げてマッチョな盾になるって意味じゃないんですよね。自分がいなくても子どもが自分の身を守れるような状態を少しずつでもつくっていくってことなんだと思います。私は子どもたちにとって、グイドみたいになれていただろうか……。

パンツのサイズ　（チビ五歳　ヒメ二歳）

「ママにおみやげ。何にする？」

チビはおみやげが大好き。

ママ抜きでおでかけしたときには、いつもおみやげを買っていこうとする。

「お菓子でいいんじゃない？」と言う僕に、「お菓子とかじゃなくてさ、花とか、帽子とか、ドレスとかがいいよ」とチビ。

……花はまだしもドレスかよ。

「どんなドレスがいいの？　こういうの？」

駅ビル内のブティックにあったテキトーなカーディガンを指すパパ。

「こういうのじゃなくてさ。うーんと、たとえば、お花のついているやつとかさぁ」

「なるほど、少女漫画っぽいやつがいいのね……」

お花のついた少女っぽいドレスを着ているママを想像する。


やめておこう。


そして、パパはひらめいた。

「ドレスの代わりにかわいいパンツはどう？」

お花のついたドレスは高そうだけど、お花のついたパンツならそんなに高くないのが見つかりそう。

そして、なんとなく、面白そう。ふふふ。

「いいねぇ～」

チビも乗り気だ。

「よし、女性用の下着売り場は……あった。あそこだ、チビ」

スタタタターーーーと、ためらうことなく、女性用下着売り場に駆け込むチビ。

さっそく中央のラックのパンツをあさる。

「これもいいなぁ。あっ、これなんかもいいんじゃない」

ヒョウ柄だろうが、Ｔバックだろうが、臆することなく手に取り、見比べる。

僕はちょっと離れてその様子を見てる。

かなり、恥ずかしい。

そのうち、チビが候補をいくつかに絞り込んだ。

どんなのだったかはよく覚えていない。

子連れの男が女性用の下着をあさっているという姿があまりに目立ちすぎていて、かなり恥ずかしかったから……。

とりあえず、初志貫徹。

お花のついている黄色っぽいパンツを選んだ。

しかし、そこで問題が。

「よし、これね！」とレジに走ろうとするチビを止める。

「ちょっと待った！」

「ナニ？」


「サイズがわからない……」

「きっとコレだと思うよ」

知ったかぶりして、テキトーなことを言うチビ。

しかし、パパは真剣だ。


……MにすべきかLにすべきか。それが問題だ。

どちらでも入ることは間違いない。

でも、どちらがいいのだろう？


入るけどピチピチになってしまうのと、余裕があるのと。

僕の勝手な観点ではピチピチだけど、本人はイヤかな？

しかし、恥ずかしい状況で、あれこれ考える余裕はなく、「これでいいや！」と、Lを手に取った。

〝大は小を兼ねる〟的な安易な発想で。

そして、いまはその選択を後悔している。


「ただいま～。おみやげ買ってきたよ！」

「なになに？」とママ。

「ナ・イ・ショ」

……ナイショじゃないでしょ。


「パンツ！」

「パンツ？？？」と、ママはキョトン。

「ほら、かわいいでしょ（笑）」

「……ありがとう。でも、Lって大きいなぁ」

ギクッ。

「お、大きかったかな？　ごめん」

パパがママの顔色をうかがう。

何か言いたげだが、「まあ、大丈夫。ありがとう」で終わった。


そう。

いまになって思えば、入る入らないは気にせずに小さめのサイズを買ってしまうという選択が正しかったように思うのだ。

それが女心ってもんだったかな、なんて。


まだまだ、女心がわからない自分を反省するパパであった。

そして未《いま》だ、ママがそのパンツをはいているのを目撃した家族は誰もいない。

★ふりかえり

誰かに喜んでもらいたいという気持ちで何かを決めなきゃいけないとき、あれこれ理屈で考えると間違えますね。こういうときこそ、相手のことを思い浮かべて、直感に従うことが大事だと思います。若いころはわかりませんでした。ちなみにこの原稿を読み返したあと、洗濯物をたたんでいるときに黄色いパンツを見つけて、

「あ、こんな柄だったかな」なんて思って、何気なくサイズを見てみたら、なんと「L」。ビンゴでした！　もうなんだか、そのパンツが宝物に見えました。

第二章 まちは子育てテーマパーク！

「ママはおうちでゆっくりしてていいよ〜」なんて一見やさしそうなセリフを残し、一歩家を出てしまえばこっちのもの。ママがいないのをいいことに駄菓子屋さんで買い食いしようが、居酒屋で乾杯しようがやりたい放題です。

「今日はどこ行く？」「次はどこにしようか？」と子どもと相談しながら、あっちこっちをハシゴする気分はテーマパークのアトラクションめぐりそのもの。屋台のやきとりを一本ずつ買って、缶ビールとジュースを買って、カンパ〜イなんてサイコーです。ママに隠れて悪いことしてるってスリルがさらにアドレナリンを放出させるのです。

そして最後に、

「ママにはナイショだよ」

と、無敵の呪文を唱えれば、子どもは間違いなくパパとのお散歩のとりこになってしまいます（笑）。といって、ヒミツが守られることはほとんどなく、あとでパパが怒られることは覚悟しておきましょう。

地元の町をたくさんお散歩して、たくさんのお店に顔を出して、子どもが小さなうちからたくさんのご近所さんを味方につけておけば、子どもが成長して一人で行動することが増えても、「○○ちゃん、大きくなったねぇ」なんて、町のみんなが子どもを見守ってくれるでしょう。悪いことをしていれば、注意だってしてくれるかもしれません。ご近所のお散歩にはそういうメリットもあるのです。

ついでにパパが酔っぱらって醜態をさらしていても、「あっ、○○ちゃんのパパだ」と指をさされるようになるデメリットもありますからご注意を。

地域社会が希薄になっているといわれるこのご時世。なにげないあいさつから生まれたあたたかいご近所付き合いは、きっと子どもの未来にとってかけがえのない財産となります。週末のたびに遠くにおでかけするのもいいけれど、特に子どもが小さな時期、地元の町をお散歩することはそれ以上に価値のあることのように思います。

いい湯だな～♪　（チビ四歳　ヒメ一歳）

「今日は温泉に行こうか！」

週末の夕方、居間でゴロゴロしながらチビを誘う。

「行く行く！」


「温泉」といっても実は「銭湯」。

たまにはおうちの小さなお風呂じゃなくて、大きな湯船に浸《つ》かりたい。

湯船が大きいだけじゃなくて、ツルッパゲのおじいちゃんがペタペタタオルで背中を叩《たた》いていたり、お金のなさそうな学生さんが穴の空いた靴下をはいていたり、そういう雰囲気が好きで、僕はときどき、近所の銭湯に行く。

自転車に石けんとタオルとチビを乗せて。

リン、リン……。


ガラガラ～。

浴室の引き戸を開けると自分の桶《おけ》と腰掛けをキープして流し場に座るチビ。

銭湯の作法はもう慣れたもの。

初めての「男だけの世界」デビューのとき、僕はチビに、

一　最初にちゃんと体を洗うこと

二　走らないこと

三　おしっこはしないこと

だけを約束させて、あとは自由にさせてみた。

まだ二歳くらいだったと思う。

最初は僕のまねをしながら、いっしょに湯船に浸かる（でもちょっと熱い！）。

何度か連れて行くうちに、チビはまわりの大人のふるまいから、銭湯の作法を学んだ。

パパ以外の大人の所作を間近に見る機会なんてなかなかないから、それだけでも銭湯は貴重な空間。

いつのまにか、「今日はどこに陣取ろうかな？」「薬湯、超音波風呂、普通の湯……。今日はどこの湯船から入ろうかな？」「いちど冷たい水を浴びて、こんどは超音波風呂に入ろうかな？」てなことを、たぶんチビなりに考えながら、おうちのお風呂ではありえない、ささやかな選択の自由を楽しむようになった。

男ふたり、全裸でダラダラ腰掛けて、幼稚園での出来事や、最近ママに怒られた話を聞く。

居酒屋でいっしょにお酒を飲むってことはチビが二〇歳になるまでできないけど、銭湯でいっしょに湯に浸かるってことなら、いつからでも始められる男同士のお付き合い。

おうちのお風呂で同じことをするのとは、やっぱりひと味違うんだな、これが。


僕がしみじみ銭湯を味わっている一方で、チビが銭湯を好きになった理由は実は別にある。


湯から上がって、脱衣所で着替えを終えたチビが「パパ、マッサージしなよ」と、僕にマッサージチェアを勧める。

「やさしい子だなぁ」なんて思ったのは最初だけ。

僕がスイッチを入れて骨抜きにされるのを見計らって、

「ボク、先に向こうに行ってジュース飲んでるからお金ちょーだい」

と一二〇円をせしめていく。

番頭さんの前にある冷蔵庫から自分の好きなジュースを選べるのがうれしいらしい。

「お風呂の後は牛乳でしょ！」

といくら言っても、チビは炭酸飲料をゴクゴク。

三五〇ミリリットル缶を飲み干しちゃう。

「あ～ぁ、そんなに飲んで大丈夫？　ママにはナイショだよ」

僕がいつものように釘《くぎ》を刺す。


「さようなら！」

番頭さんやおじいちゃん、おばあちゃんたちに超大声であいさつしてから、チビは自転車のうしろにちょこんと座る。


銭湯でチビが少々はしゃいでも、まわりのおじいちゃんたちは温かく見守っていてくれる。

なかには「いまの子は自由が少なくてかわいそうだから、せめてこういうところでは自由にさせてあげなよ」なんて、僕を安心させてくれるおじいちゃんもいる。

子どもがちょっとはしゃいだだけで露骨にイヤな顔をされることも少なくない都会生活。

知らないひとにうかつに話しかけちゃいけないとも教えなければならない。

そんな世知辛い現代社会において銭湯は、ほっと心まで温まる場所。

銭湯は都会の片隅に残された人情のオアシスや～。

ただし、翌朝ママの鋭いまなざしに凍り付くこともある。

「ママ～、起きて～。おもらししちゃった～」

「えーーーー！　銭湯でジュースを飲み過ぎたんでしょ！　ったくもう（怒）」

★ふりかえり
いまでも銭湯にはときどき行きます。一人で。思春期になるといっしょに行ってくれなくなりますから、いっしょに銭湯に入れる時期なんてほんの数年なんだなと、いまになると思いますね。

立ち飲み屋育児　（チビ五歳　ヒメ二歳）

駅前に古びた立ち食いそば屋がある。

朝六時から夜もそこその時間までやっている。

そば、うどん、カレー、おにぎり……たいていそろってる。

そして、夜は立ち飲み屋になる。


ちょっと前までお店にお客さんがいることはあまりなかった。

カウンターでひまそうにテレビを見ながら、「ハハハハー」とやけに大きな声で笑うマスターの声だけがむなしく響いていた。


チビがまだ二歳くらいのころ。

そのお店の前を通るたびにチビはのれんをくぐり、ひまそうなおじさんにあいさつするのが日課だった。

するとおじさんは決まって冷水器から水を一杯、チビにくれた。

チビは、のどが渇いていようがいまいが、その水を毎回飲み干した。

「元気のいい子だねー」

おじさんがまた大きな声で笑う。


でも、そこで食べることはあんまりなかった。

そういうお店は好きなんだけど、正直言って食べたいものがなかった。

いつも、ちょっと申し訳ないと感じていた。


ところが最近。

駅を降りたパパの目の前に、「やきとり」の赤ちょうちんがぶら下がっていた。

立ち食いそば屋さんの新メニュー。

こうなったら、のぞいてみずにはいられない。


夕食後、パパはチビを銭湯に誘った。

しかし、銭湯にはまっすぐ行かず、向かったのはそば屋さん。

「チビ、ここでやきとり食べてから銭湯行こうぜ！」

(もちろん、ママにはナイショ)

「えっ？　やきとりあるの？　いいねぇ～」

チビはカウンターにほおづえをつきながら枝豆をつまみ、つくねを一本ぺろりと食べた。

気づけば、カウンターのとなりに座ってる、作業服を着た強面《こわもて》のおじさんとなんだかお話ししている。

スポーツ新聞を読んでいた客が笑顔でイヤミを言う。

「そろそろ、行こうかな。やきとり始めてからお客さんがたくさんいるから助かるよ。いままでは閉店までいても俺以外誰も客が来ねぇから、いつまでたっても帰れなかったからよ！」

カウンターの向こうでおじさんが、うれし恥ずかしの笑顔を見せる。


チビとふたりで六〇〇円ちょっと。

こりゃいいぞ！


その翌週、こんどはママとヒメも連れてのれんをくぐった。

その日はおかみさんもカウンターに立っていた。

「何年このお店やってるんですか？」

「もう三〇年以上ね（笑）」

「じゃあ、このお店と僕と同じ歳くらいですね！」

「あら、そうなの？　何年生まれ？　……あら、うちのお兄ちゃんと同い年だわ！」

「それじゃ、昭和○○年くらいの生まれですか？　僕の母と同じくらいかな？」

「いや、こう見えて私、もっと若いのよ。私が四〇歳のころにはもう二〇歳の息子がいたんだもん！　子ども連れて成人式だったのよ！」

奥でやきとりを焼いてるおじさんがニヤニヤしてる。

若い奥さんつかまえて……オヤジ、やるじゃねぇか。

若くして出産し、小さなお店を営みながら、子育てして、さぞ苦労もあっただろうけど、いや、だからこそ、すばらしい笑顔をしている素敵な夫婦。

いつしか、ママはおばさんとの話に夢中になっていた。


それからときどき、家族でやきとりを食べに行く。

育児談義に花を咲かせるママとおかみさんを見ているのもうれしい。やきとりを焼くおじさんと、キャッキャいいながら遊んでいるチビとヒメを見ているのもうれしい。


背広のサラリーマンが続々と駅から降りてくる時間帯に家族で一杯。

名付けて「立ち飲み屋育児」。

ご近所からはヘンな家族って見られてるかな？

今日もおじさんおばさんのお店は大盛況！
それだけで、こちらもうれしくなる。

★ふりかえり

おやじさんが体調を崩したとかで、その後そば屋さんはなくなりました。そのあとは、同じビルに入っているラーメン屋さんがそこを居抜きにして、立ち飲み屋さんを営業していました。そこにも家族でよく通いました。ラオスやミャンマーから来ている外国人のお兄さんたちが切り盛りしていました。専門学校に通いながら、仕事をかけもちしているようでした。彼らとの会話も、チビやヒメにとって大切な学びの機会だったなと思います。その後、その建物は老朽化のため取り壊され、いまは駐車場になっています。

買い食いストリート　（チビ四歳　ヒメ一歳）

日中の日差しが和らいで、気温が下がった週末の夕方。

僕はときどきチビやヒメを連れて隣町の商店街に散歩に行く。

個人商店が並ぶ昔ながらの人情商店街。

週末は車が入れない歩行者天国になっている。


最初に立ち寄るのは海産物屋さん。

軒先でイカ、ホタテ、アナゴなどを串焼きにして売っている。


「いい匂いだね～!」

チビとふたりで盛り上がる。


「イカとホタテをください!」

「ハイヨ!」

甘いタレに何度もくぐらせたイカとホタテにしゃぶりつく。

ほのぼのとした商店街には誰が腰掛けてもいいベンチがところどころに置かれているので、食べる場所にも困らない。

「うんめぇ～～～」

チビがホタテをほおばる。

タレが甘いからのどが渇いてくる。

と、タイミング良くお茶屋さんのおじちゃんが、「どうぞ～！」ってわざわざベンチまで、いれたてのお茶を持ってきてくれる。

なんて素敵な商店街！

「お茶もおいしいね～」

タレの甘みをお茶で洗い流し、あぁ、スッキリ！

「ありがとうございました！」

お礼かたがた、お茶屋さんまで紙コップを返しに行く。

二軒目はお団子屋さん。

お団子は腹もちがいいから食べ過ぎ厳禁！

ひと串だけ買ってふたりでわける。

（お茶屋さ～ん！　もういっぱいくださ～い）

そして、最後は買い食いの王道、やきとり！
ただし、やきとり屋さんに行く前に立ち寄らなければならないところがある。
それは、スーパーマーケット。

スーパーで買うのは小さめの缶ビール。
やっぱ、やきとりには缶ビールでしょ。

僕が缶ビールを買うとチビは、「じゃあ、オレはジュース！」と言って平等を要求する。
たしかに僕だけビールを飲んで、チビは何も飲めないのは不公平だから、ジュースを買ってしまうことになる。

「つくねとかわをください」
「ハイ、一四〇円ね」

やきとり屋さんでパパはかわ、チビはつくねを頼んで、ベンチに腰かける。
それぞれの缶を開けてカンパ～イ！

今日は、サイコ〜。

……のはずが、家に帰って悲劇が始まる。

おわかりでしょう。

そうです。

夕飯が食べられず、ママに怒られるのです。

そして必殺「デザートと明日のおやつはなし！（怒）」攻撃でとどめを刺されて、チビは悲しみに暮れて、眠ることになる（僕のせい）。

そこで、僕は考えた。

最近やっと僕とふたりきりでちょっと遠出もできるようになってきたヒメ。

なんだか今日はやきとりが食べたいなぁという日は、近ごろはチビにはナイショでヒメを連れて行くことにした。

スーパーでビールを買っても、ヒメならまだ何も言わない。

「あっ！　びぃりゅ、びぃりゅ！　ぱぱの？」

って、喜ぶだけ。


そして、やっぱりつくねとかわを頼んで、商店街の〝誰でもベンチ〟に腰かける。


プシュッ！

やきとりをつまんで、それからビールをひとくち。

「プファ～～～」

ヒメにはつくねを一つくわえさせる。

「うんめぇ～～～」

と、チビのまね。


ヒメ、よくぞここまで成長してくれた！

こうして、チビのみならずヒメにまで買い食いのすばらしさときわどさを伝授する僕。

お行儀悪くてもいいもんね！

特に贅沢《ぜいたく》なものを食べるわけでもないのに、なんだかすごく贅沢な時間をすごしている感覚。

小さな商店を舞台に、たかが一〇〇円ちょっとのやりとりで、「ありがとう！」「おいしい！」「また来るね！」の温かいふれあいが感じられること。

そして、ママに怒られないように上手に量と時間を調整しながら食べるスリル！

買い食い文化はすばらしい！

下町に残る屋台の文化は人間性を豊かにする装置だったのだ。

こりゃ、また来週も行かなきゃな、買い食いストリート。

でも待てよ。

ヒメがジュースを飲むようになったらどうしよう？

そのときはいよいよパパがビールを我慢するのかな。

いやいや、そんなのムリムリ。

ヒメ、しばらくそのままで成長を止めてくれないかい？

★ふりかえり

チビはいまでもホタテのバター焼きが大好き。なんでだろ？と思ってましたけど。このころの原体験がきっとあるんですね！　いま気づきました。そういえば、チビはいま、小さな串焼き屋さんでアルバイトしてます。常連のおじさんたちとの会話が楽しいんだとか。〝英才教育〟の成果でしょうか。

駄菓子屋さんで大人買い　（チビ四歳　ヒメ一歳）

「ちょっとお散歩行こうか」

お昼ごはんまで、家にいるとうるさいチビを外に連れ出す。

といっても目的地のレパートリーは公園、ペットショップ、コンビニくらい。

ペットショップはこの前行ったばかりだし、ウイークデイの疲れが残る僕には公園ではしゃぐほどの元気はなかった。

そこで……。

「よし、お菓子屋さん行こう！」

「やったー！」

（もちろんママにはナイショでね）

近くの駄菓子屋さんに行くことに決定！


近ごろはコンビニやスーパーの一角に駄菓子コーナーを見かけるけれど、そういうのではなくて、本当におばあちゃんがひっそりとやっている駄菓子屋さん。

表にあるガチャガチャもちょっと古めかしい。

駄菓子をちょこっとなら、お昼前に食べてもおなかがいっぱいになる心配もなし。

だからママにバレない！


ガラガラと手動の引き戸を開けて三畳ほどの店内へ。

「このカゴに欲しいものを入れるんだよ」

まず駄菓子屋さんでの流儀を教える。これはとっても重要なパパの役割でしょ。


昔は自転車で駄菓子屋さんに行って、もっているお小遣いでどれだけたくさん買えるか友達と競い合ったなあ。

いまならぜんぶ買えるのに！

なんて、セコイところで大人になった自分をうれしく思っていると、「じゃあ、コレ！」とチビが選んだのは一〇円のラムネ一個。

普段からお菓子はあまり買い与えていないため、いっぺんに二つ以上のお菓子を買うことなんて、発想にない憐《あわ》れなチビ……いや、ママのしつけが立派！

「これだけでいいの？」

「うん」

「このお店ではたくさん買っていいんだよ。ママのぶんも買っていこうよ」

「あぁ、そうか」と言いながら、それでも遠慮がちにお菓子を選ぶチビを見ていると、もう愛《いと》おしくて、ついつい、「パパたくさんお金もってるから心配しないで好きなものぜんぶカゴに入れなさい」って言っちゃった～！　でも、いちど言ってみたかったんだよね～。

気分はデパート貸し切りでなんでも買っちゃうマイケル・ジャクソン（数十億分の一くらいの縮小版だけど）。

そんなこと生まれて初めて言われて、目を丸くするチビ。

僕もいっしょになって手当たり次第にお菓子をカゴに入れて駄菓子の大人買い。

「これ、パパ好きなんだよ。こっちより、こっちのほうがおいしいぞ。これはね、とっても甘いの。これはカステラみたいな味。これはヨーグルト味……」

昔もいまも変わらないラインナップを前に、僕のほうが制御不能に。カゴいっぱいになったお菓子の山を見たチビは「えー、こんなに買うの⁉」とこんどは鼻の穴を丸くする。

それでもたったの数百円。

「ありがとうございました！」

お店のおばあちゃんに大声でお礼を言って店を出るチビを見ながら、ふとわれに返る僕。

……このままじゃまずいかも（汗）。

さすがにこれだけのお菓子を買ったということがママにばれると、「いつも私が我慢させてるのに何でそれを無駄にするようなことするの！　しつけにならないじゃない！」と怒られるに決まってる。

「よし、そこのベンチで食べようか」

「お外で食べるとおいしいもんね」とニコニコのチビに「お外で食べたことはママには言っちゃダメだよ」と釘を刺す。

きなこ棒からミルクせんべいから、ラムネ、ヨーグレット、よっちゃんいかに、蒲焼《かばや》きさん太郎《たろう》……、ふたりでムシャムシャたいらげて、「これはママにおみやげにしよう」と串に刺さったミニカステラを三本だけ残して帰宅。

あたかも、それしか買っていないかのように。


「なんでこれくらいが食べられないの！」

その日の昼ごはん、わが家の食卓にはママのカミナリが落ちた。

いくら駄菓子でも幼児があれだけ食べればおなかはいっぱい。

でも「パパとふたりでお外でお菓子食べた」とは言えず、必死でごはんを口に運ぶチビ。

「ゴメン。悪いのはパパだ、許してくれ」と心の中で土下座。

でも、知らんぷりして新聞を読む僕。

もちろん、ママはぜんぶお見通し。

ママがそのミニカステラを食べることはなかった。

★ふりかえり
「ママ、なんでそんなに怒るんだろ？」と当時は感じてましたけど、いまふりかえると、そりゃ怒るよな、と。この章のタイトルは「ママにはナイショ」のほうがしっくりきますね。もう、やりすぎ。いや、毎日やってたわけではないんですけど……。まじめな話、これらの一連のことって、僕自身が子ども時代にやり残したことを、チビという存在の助けを借りて、やり直しているのかもとも思います。あんまり健全じゃないですね。

ザリガニ合戦　（チビ六歳　ヒメ三歳）

いつもチビといっしょに行くザリガニ釣りの小川に、ある日立て看板がしてあった。

「この川の生き物は近所のひとたちがかわいがって育てているものです。捕らないでください」

ていねいに、ザリガニの絵まで描いてある。

なんかヘンだぞ。

ここは近所のひとたちの水槽か？

区役所に電話した。

「これは区が立てたものですか？」

区の担当者は、

「区は立ててません。ご近所のひとたちが川を大切にして、見て楽しんでいることを知ってほしくて、立てたものだと思います」

「この川は見るためのものっていうのは誰が決めたんですか？」

「ここでザリガニをとってはいけないことになっているのですか？」

「そういう決まりはありません」

「そういう決まりもありません」

「大人は見てるだけで楽しいかもしれませんけど、子どもはザリガニを見たら捕まえたくなるのは当たり前ですよね。大人が根こそぎとっていくのを禁止するのはわかるけど、子どもがザリガニをとるのも禁止するなんて〝近所のひと〟の横暴じゃないでしょうか。ちなみに僕も近所のひとですが」

「そ、それはそうですね……。こういうことは話し合って決めてください」

「だから、話し合いもなく、一方的に立て看板をして大人の価値観を子どもに押し付けることがおかしいと思うんですよ。……わかりました。機会があったら〝近所のひと〟と話してみます」

〝近所のひと〟たちが人工の小川を大切にして、金魚を放流したりしているのは知っている。

それはとても良いことだと思う。感謝している。

自然を大事にして、川に生き物が戻ってきて、小鳥が戻ってきて……。

川に生き物が戻ってきたあとは、子どもたちが戻ってくるのが自然ではないだろうか。

子どもたちがそこで遊ぶことを禁じるのは〝不自然〟というものではないだろうか。

「もう、ザリガニはとれないの？」

心配そうなチビに僕は言う。

「大丈夫。ダメというひともいるみたいだけど、そういうひとが来たら、パパがちゃんと話をするから」

よく公園で見かける看板もおかしい。

「ボール遊びは禁止」

公園がボール遊び禁止って……。

じゃあ、どこでボール遊びするの⁉

きっと、公園でゆっくりお茶を飲みたいひとが区役所かどこかに苦情を言ったに違いない。

「子どもたちが遊んでて、危なくてお茶も飲めない！」とか、なんとか。

たしかに、よちよち歩きの幼児がちょろちょろしているところで、バットを振り回したり、硬いボールを投げたりしたら危ないけど、だからって全面禁止はないいんじゃない？

苦情を言えば、それが通って、一方的な制約ができる。

自分のことしか考えないひとが訴える権利が認められ、そのほかのひとの権利が狭められていく……。

そういうひとと議論するのが面倒だからって、一方的に主張を受け入れて、結局もの言えぬ子どもにしわ寄せがいくってのはまわりの大人の怠慢だ。

利害のぶつかるひとと話をするとなると、論理的に、冷静に、しかし強い意志をにじませながら話さなければならない。
子どもの遊び場や自由が奪われようとしているならば、そこに立ちはだかる砦《とりで》となるのは親の役割。

チビだけじゃない、地域の子どものためにパパは立ちはだかる！
パパはヒーローだから。

★ふりかえり

これはいろんなところで起きている問題だと思います。子どもは自分たちの権利を主張する声をもちません。だからこそ、子どもの代弁者となる大人たちが必要です。そういう大人たちこそ、本当の意味での子どもたちにとってのヒーローなんだと思います。子どもたちはそれに気づきませんが、それでいいんです。

第三章　公園は大自然だ！

自然の美しさ、楽しさ、厳しさ……を教えるのもパパの重要な役割のひとつ。子どもに自然の魅力を教えたいと思ったらどうしますか？

「自然と戯れよう！」というと、住んでいる都会を離れて山奥まで行くことを想像しがちですが、なにも世界遺産の原生林まで行かなくても、身近な自然を感じることはできるはずです。

子どもにとっては天然記念物のチョウチョもモンシロチョウも同じこと。アリだって、ダンゴムシだってよく見れば面白い。公園にあるブナの木だって、原生林のブナの木だって、近くからよく見て、触れてみれば、同じ木です。

都会に自然がないなんて大人の思い込み。たとえば東京のど真ん中だって、アゲハチョウもやってくるし、ツバメも巣をつくります。夜にはコウモリだって飛んでいるし、夏にはカブトムシだっています。都会に自然がないなんて言ったら、彼らに失礼です。

子どもはそれを知っています。身近にある小さな自然を見つけて、よーく観察します。

「パパ、見て！　このお花キレイ！」

という視線の先にあるのはアスファルトの隙間に生える名もない花。しかし、たしかにキレイです。

自宅の近くにもちょっと歩けば緑のある公園が見つかるでしょう。その公園にある草木の名前をどれだけ言えますか？　どんな花をつけるか知っていますか？　土の中にはコガネムシの幼虫だって、ハサミムシだっていることに気づいていますか？　知ったような気になっている近所の公園でさえ、不思議であふれているのです。

身近な自然を感じる感性って、身近なしあわせを感じる感性とどこか通じるような気がします。

大自然を求めて遠くに行くのもいいですが、近くにある自然に気づく感性を磨くこともそれ以上に大事なことではないかと思うのです。

オタマジャクシすくい　（チビ五歳　ヒメ二歳）

公園のお池で、野球少年たちが、アミを持って何かをすくっている。

「チビ、オタマジャクシだよ！」

「うわぁ～、ほんとだ！　たくさんいる！」

「春になったからオタマジャクシが出てきたんだよ」

「へぇ～」


オタマジャクシなら、家で飼うのも簡単だし、だんだんカエルになっていくのを見るのも子どもには楽しいし……。

「よし、オタマジャクシすくって、おうちで飼おう！」

「やった～！！！！」

こうして、チビと僕の「オタマジャクシすくい大作戦」が始まった。


……が、すくうものがない。

「チビ、あそこのお兄ちゃんに、アミを貸してくださいって聞いてごらん」

「アミ、貸してください……」とおそるおそる野球少年にお願いするチビ。

チビの背後から僕が野球少年にスマイルして援護射撃（脅迫？）。

「いいよ！」と、さわやかにＯＫしてくれるところは、さすが、野球少年！

きっと松井《まつい》みたいに、将来メジャーリーグに行けるぞ！


「パパ、何に入れるの？」

……そうか、すくったオタマジャクシを入れる器もない。

「ちょっと待ってろ！」

僕はくずかごに走り、五〇〇ｍｌのペットボトルをゲット。

「うわぁ～、これならちょうどいいね。なんでこんなのあったの？」

ゴミ箱をあさって取ってきたとは知らないチビは、ソンケーの目で僕を見る。

いや、それほど、すごいことでもないんだけど……。


道具はそろった。

「チビ、あそこにたくさんいるからアミですくってごらん」

「よいしょ！　……あれ？」

「とれてるよ！　アミの中、見てごらん！」

「うわぁ～、ほんとだ！　ボクが釣った！　ボクが釣った！」と大喜び。

ペットボトルを大事そうに抱えて家に帰る道すがら、「ねぇ、パパ、オタマジャクシは何を食べるの？」と、チビ。

「パンくずとか、死んだお魚とかかな」

「死んだお魚はどこで売ってるの？」

「おうちにあるやつをちょっと切ってあげればいいんじゃない？」

「そっか！」

ちゃんと面倒を見るつもりでいるみたい。

偉いぞ、チビ！

「だんだん、足や手が生えてきて、カエルになるんだよ。小さなカエルにエサをあげるのは難しいからお池に逃がしてあげようね」

「イヤだ！　うちのお庭に逃がす！」

「お庭にはお水が少ないからかわいそうだよ」

「お水がないといけないの？」

「そう。カエルのおうちはお池の中なんだよ。わかった？」

「うん」


家に着くと、さっそく「生き物の飼い方図鑑」でオタマジャクシのページを調べる。

「ほら、小魚とかパンくずとか食べるでしょ……。こうやって、だんだんカエルになるんだよ！」

小さなプラケースにオタマジャクシを移すと、「ママ～、パンくずちょーだーい」と、チビはパンくずをひとつまみゲットして、プラケースに入れる。

「あんまり入れすぎるとお水がきたなくなっちゃうから、ちょっとだけだぞ」

「うん、わかった！」

このごろ、くちごたえが多くなってきたと思ってたけど、生き物の飼い方については、素直に僕の言うことを聞くなぁ。

「僕のパパは生き物博士」って思ってるからね。

するとこんどは、

「パパ、水はいつ換えればいいの？」と、次から次へと疑問が湧いてきちゃうチビ。

「こんどのお休みにお池で水をくんで入れ換えよう」

「うん、わかった。……ええっと、水は何に入れて持ってくるの？」

心配性だなぁ……。

「このペットボトルはどう？」

「あぁ、これね。ＯＫ！」


アリだって出てくるし、お花は咲くし、春の公園には自然がいっぱい。

わざわざ山や海に行かなくたって、近所の公園で十分。

パパやママがそれに気がついて、なにげなく教えてあげることができれば、都会にいたって自然や季節を感じることができる。

オタマジャクシの次は、子ガメが卵から孵《かえ》ってプカプカ浮かんでくるはず。

これをすくうのがまた楽しいんだ！

カマキリの卵を見つけられると、それも楽しいぞ！

こんど公園に行くときはアミとケースを持って行こっと！

★ふりかえり

これだけ盛り上がっても、二〜三週間もすると興味が薄れていくのが子どもです。でも、幼児にとっての二〜三週間って、大人にとっての何カ月にも相当するくらい長い時間なんだと思います。当時は、たった二〜三週間で熱が冷めちゃって困ったもんだと思っていましたが、いまとなれば、それもまたかけがえのない時間だったんだなと思います。

わが家のベビーブーム　（チビ六歳　ヒメ三歳）

わが家には約一五〇の新生児がいる。
新生児といってもカマキリだけど。

まもなく梅雨入りというころ、カマキリの卵が孵った。
ひとつの卵嚢《らんのう》（卵の集合体）から出てくるカマキリは約一五〇〜二〇〇匹。
小さいけれど、ちゃんとカマキリの格好をしている。

小さなカマキリでも食べられる小さな虫を探さなきゃ！

「チビ、アブラムシを探そう！」

「わかった！」


朝からお庭でアブラムシ探し。

これからは毎日続く……。

一五〇匹の赤ちゃんを養うのも楽じゃない。


「パパ、アゲハチョウの卵を見つけたよ！」

「ほんとだ！　よく気づいたね」


チビがアゲハチョウの卵がついている葉っぱを見つけた。

直径一ミリにも満たない小さな卵。

ついでに孵化《ふか》したばかりの幼虫も二匹持って帰ってきた。


「どこの木からとってきた？」

その幼虫が食べる葉っぱは限られている。

エサとして、同じ木の葉っぱを毎日持ってこないといけない。

チョウチョの幼虫はたった一週間で体が何倍にも大きくなる。

見ていて楽しい。

小さな子どもにもわかりやすくていい。


この前は幼稚園のお友達のお母さんに呼び止められて、「さっき、家の近くでこんな小さなカメが歩いていたから拾っちゃったんですけど、うちでは飼えないので飼っていただけませんか？」と言われた。

手に持っていたのは生まれたばかりの銭亀だった。

ミドリガメだったら正直言ってお断りだった。

あれは手に負えない。

しかし、クサガメの子どもの銭亀だったらなんとかなる。

というより、むしろうれしい！

「いいんですか？　ありがとうございます！」

急いで帰宅して、空いている水槽を準備した。

生まれたばかりのカメにはおへそがある。

まだそんな状態の子亀だから心配だったけど、人工飼料にも慣れてくれた。

これからあと何年の付き合いになるのだろう？

ちなみに、僕が七歳の時におばあちゃんに買ってもらったクサガメはいまも実家の水槽で元気に暮らしている。


ザリガニもいる。

カブトムシの幼虫もいる。

何になるのかわからない幼虫も二匹いる。


できるだけ、チビに世話をさせるようにはしているけど、必ずしもそうもいかない。

僕がみんなの面倒を見ることになる。

まるでチビが動物園の園長で、僕が飼育係をやっているみたい。

うちにいる生き物たちは、どこかでとってきたり、拾ってきたりしたものばかり。

だから、チビはその生き物がどんな場所で生きていたのかを知っている。

だから、どんな環境を用意してどんな世話をしてやればいいのかを説明できる。

取り返しのつくことなら、チビが興味をもったことはなんでもやらせてみたいと思ってるけど、ひとつだけ禁止していることがある。

外国産の野生動物を買うこと。

ペットショップで売られている外国のカブトムシなんかは、もともとどういう環境でどんな生き物と競争しながら生きていたのか、わかりようがない。

熱帯魚を飼うように、大人が本やインターネットで調べながら趣味として面倒を見ることはいいと思うけど、子どもにはあまりにリアリティのない生き物だと思う。

天然記念物の生き物も庭にいるムシたちも、子どもにとっては何も変わらない。

ダンゴムシだって、アリだって、よーく見れば面白い。

そのことに気づくだけで人生は豊かになる。
そのことに気づかせてくれたのは実はチビの純粋な目だ。
こんどは僕がその目をいつまでも守ってやりたい。

★ふりかえり

このとき孵ったカマキリの子どもたちは、エサはあげていたつもりなんですが、いつのまにか共食いしまくっていました。もらってきたカメは、この五〜六年後、大雪の日に、外に置いてあった水槽にカバーをするのを忘れて、凍傷になり、次の春に死んでしまいました。でも僕が七歳のころから飼っていて、その後、実家から引き取ったクサガメは、その大雪も生き延び、いまも仕事部屋のベランダで元気に生きています。子どもといっしょに生き物を飼うことは楽しい経験ですが、多くの場合、彼らの寿命をまっとうさせてやることはできていないのではないかと思います。幼い子どもは捕まえた生き物をみんな家で飼いたいと言いますが、だんだんとこだわりがなくなっていくような気がします。やっぱり自然のままにしておいてあげたほうがいいということを学ぶんだと思います。

バカザリガニ　（チビ五歳　ヒメ二歳）

チビがショッピングセンターにあるゲームをやりに行きたいって言うことを聞かなかったので、何かいい代案はないかと思いを巡らせた。

そうだ！

「そろそろザリガニが釣れる季節だぞ。ザリガニ釣り行ってみるか！」

さっきまで不満たらたらだったチビの顔が一気に輝く。

「ザリガニ釣りならゲームより楽しい！」

にぼしをつけた糸を垂らすと、さっそく一匹食らいつく。

そーっと糸を上げてアミですくいとれば、カンタンにゲット！

「やったー！　もう一匹捕まったね」

よく見てみると、右のハサミがない。

そして、体の右側が傷付いて、えらが露出している。


「あ、このザリガニはケガしてるな。こいつは持って帰るのはやめよう」

「じゃ、逃がすの？」

「そう。だって、ちゃんと元気なやつがいいでしょ」

「ふーん。わかった」

ケガをしたザリガニを川に戻した。


しばらくほかのザリガニを狙ってみるが、あまり食いつきがよくない。

「こいつら頭いいザリガニだな……」

チビとふたりで感心する。


そこで、もういちどケガしたザリガニの目の前にエサを垂らしてみる。

すると、またすぐにゲット。

「こいつまた捕まったよ。バカザリガニだな」

と言いつつ、また川に戻す。

その日の夕食どき。

「なんで、あいつはハサミがなかったんだろうね？」

チビが僕に聞く。

「うーん。右のハサミがなくて、体の右側をケガしてたから、きっと大きな魚か何かに右側を襲われたんだよ」

あのときは考えてもいなかったけど、冷静に分析すると、そうだよな。


「そうか、きっとそうだね」

「だから、うまく動くことができなくて、エサが取れなくて、おなかがペコペコで。だからカンタンに釣れちゃうんじゃないかな？」

僕がさらに推理を深める。

「アイツは弱いザリガニだからおなかがペコペコだったのか！　じゃ、助けてあげなきゃいけないんじゃないの？」

チビのその一言は僕の脳天に強烈な一撃を見舞った。

「そうだ。オマエの言うとおりだ。パパは元気なザリガニを持って帰りたいと思ったけど、元気なザリガニはあの川で元気に暮らせるもんな。でも、あのザリガニはあそこではなかなかエサが取れないから、俺たちで面倒見てやらなきゃいけないのかもね。

パパは逆のことを思ってたよ」

チビはときどき、僕が忘れているとっても大事なことを思い出させてくれる。

汚れてしまった僕の心を浄化してくれる。

「よし、こんどのお休みにもういちどバカザリガニを釣りに行って、うちで飼おう！」


翌日、幼稚園からの帰り道。

「パパ、いいこと思いついた。オレたちさ、ふたりで困っている動物を助ける仕事をしない？　困っている動物を助けるっていい仕事だと思うんだ！」

「そりゃ名案だ。チビは動物が好きだし、動物のことをよく知っているし、困っている動物の気持ちもわかるもんね！」

そこで、パパのスケベ心がちょっと顔を出した。

「ケガや病気の動物を助けてあげるなら、チビは動物のお医者さんになるのがいいんじゃないか？　パパは昔、動物のお医者さんになりたいと思っていたことがあったんだよ」

「そうか！　オレ、動物のお医者さんになる！」

獣医さんは僕の憧れの職業のひとつ。チビが獣医さんになってくれたらうれしい。


ケガした動物つながりで僕は思い出した。

「そういえば、今朝《けさ》、家の前に潰れたカエルの死体があったよ。内臓が飛び出ててキモチ悪いの……」

「じゃ、それ、埋めてあげようよ！」

チビが言う。

「えっ？　マジ？」

露骨にイヤそうな顔をする僕。

「うん、だってオレたち困っている動物を助けるっていま言ったじゃん！」

真剣なまなざしで詰め寄るチビ。

「そっ、そうだったよな……」

つくり笑いを浮かべるパパ。

あのグロテスクな死体を拾ってお庭に埋めるのかぁ。

イヤだなぁ。

★ふりかえり

手負いのザリガニこそ助けてあげなきゃいけないって発想には本当に衝撃を受けました。なんでそんな簡単なことがわからなくなってしまっているんだと自分を嘆きました。子育てって、大人になっていくに従って見えなくなってしまう大事なことを思い出させてくれる営みでもあるんですね。

奇跡のカブトムシ　（チビ五歳　ヒメ二歳）

風もなく、湿った空気がただよどんでいる。
深夜一二時、都心の公園を歩く、見るからに怪しいその男は……僕。
都心の某公園で、カラスに食べられたらしきカブトムシの残骸を発見し、確信した。
この公園には絶対いる！

「明日、四時半に起きてカブトムシをとりに行こう！」

チビに都会のカブトムシを見せるためなら、職務質問も、幽霊も、オヤジ狩りだって怖くない！

自分に言い聞かせ、翌朝のために蜜を塗りに行ったのだ。


朝にはめっぽう強いチビ。

一方、睡眠時間四時間のパパはふらふらで公園に向かう。

「たしかこの木とこの木に蜜を塗ったんだけど……」

「なんにもいないじゃん！」

おかしい……。

アリんこすらいない。

そこに、早朝のお散歩を楽しむお爺《じい》ちゃんが寄ってくる。

「このへんにはいないよ！　昔は気持ち悪いほどいたんだけどねぇ」

ガーン……。

公園を一周するけれど、カナブン一匹見つからない。

「あっ、あれで遊びたい！」

チビは虫探しに飽きて、遊具で遊び出した。


……もう無理か。

あきらめがパパの心を覆い尽くしたとき、大きなクロアゲハが舞った。

せめてクロアゲハでも捕まえて見せてあげるか。

クロアゲハは思わせぶりに舞いながら、植え込みの裏に隠れた。


「よ～し！　捕まえちゃうぞ～」

虫とりアミを低く構えてのぞき込むと……、葉の裏にぶら下がる黒い影。

「いたぞ……あれれ？　クロアゲハじゃない！　もしかして……カブトじゃん！」

「やった！　チビ～～～！　カブトムシとったどーーーー！」

「えーーーーー！　すごい！！！　見せて、見せて！」

深夜に塗った蜜のしかけはまったく意味がなかったし、早起きも意味がなかったけれど、すべてを見ていた神様がクロアゲハの姿を借りて導いてくれたように思えた。

「よし、今日は大成功！　そろそろ帰るか！」

あれ？　小銭がない。駐車場料金を払えない！

「チビ、お金がなくて駐車場から出られないから朝マックしよう！」

カブトムシを入れた虫かごを持って、朝マック。

寝不足だし、汗でベトベトだし、いたるところを蚊に刺されているけれど、充実感に満ちた勝利の宴《うたげ》のようだった。

「よし、これで小銭もできたし、駐車場までもう少し頑張ろう！」

もうだいぶ高くなったお日様に照らされて、虫とり親子は公園の中をダラダラと進む。

セミがたくさん鳴いているなぁ。

あらゆることがすがすがしい。

このケヤキなんてセミの抜け殻が行進してるみたいに並んでる！

と、その行列の先に黒い影……、えっ、まさか！

「チビ、またいたぞ！　カブトムシ！」

「どこ？　どこ？」

「あそこ、木が二つに分かれているところ」

「ほんとだ！」

クロアゲハの次は、セミの抜け殻に導かれてカブトムシを見つけるなんて、ホントに奇跡。

「パパ、お金が足りなくてよかったね！」

「ほんとだよ！　超ラッキーだぞ、俺たち。東京の真ん中でカブトムシを見つけるなんて、本当にすごいことなんだぞ。しかも一日で二匹。しかもどちらも特大サイズなんてさ」

原宿《はらじゅく》育ちのパパは、竹下《たけした》通りでクワガタをとっていた。

きっとちゃんと探せばいまでもいるはず。


だから、パパは都会を離れた深い緑だけが自然だなんて思わない。

「都会には自然がない」なんて言ったらこのカブトムシに怒られる。

小さな公園にだって一生懸命に生きている命がある。


お金をかけて山や川に出かけるのもいいけれど、チビには都会の真ん中でも自然の息吹を見つけられる感受性を身につけてもらいたいと思ってる。

だからこそ、今回、なんとしても都会の真ん中で生きるカブトムシをチビに見せてやりたかった。

そして、奇跡は起きた。

まるで神様が応援してくれたみたいに。

★ふりかえり

　このときはいま思い出しても神がかってました。なぜだかわからないんですけど、私はクロアゲハを見ると亡くなった母を思い出します。このときは、母が亡くなった直後の夏でした。母が孫を導いてくれたのかなといまでも思っています。

どんぐり食べよう　（チビ五歳　ヒメ二歳）

「おっ、恐竜の本があるぞ」

「こっちはカブトムシの本だよ」

図書館の児童書コーナーはパパもついつい夢中になっちゃう玉手箱。

次から次へと、パパを童心に返らせる本が見つかる。


「どんぐりの本」

どんぐりのなる木だけを紹介した本なんて、なかなか珍しい。

どれどれ……。


クヌギとシイの木くらいならわかるけど、あとはみんなどんぐりの木。

これがマテバシイだとか、これがコナラだとか、パパにも区別がつかない。

パラパラめくっていると、「どんぐりを食べよう！」のコラム発見。

あっ、シイの実か。おいしいんだよね。

僕が小さなころ、家族で大きな公園に出かけてシイの実をたくさん拾って、フライパンで煎ってポリポリ食べた。

やじろべえとかにする普通のどんぐりは苦くて食べられないけど、シイの実は別格。香ばしい香りと栗《くり》のような甘みの記憶がある。

シイの木にもいろいろあるから、どのシイの木だったかわからなかったけど、その本によればスダジイの実がパパの知っているシイの実なのだという。

スダジイなら近くの公園にもあるぞ。

チビにも食べさせたいな。

「チビ、食べられるどんぐりを探しに行こう！」

「食べられるの？　ほんと？」

「おいしいぞー」

こうして僕らはシイの実探しに出かけた。

もう何年もこの公園には来ているけど、シイの実って見た記憶がない。

……と思いきや、ちゃんと探せばある、ある、ある。

そこらじゅうにシイの実が落ちている。気づいていないだけだった。


「コレぜんぶ食べられるんだぞ。さぁ、拾おう！」

「コレも食べられる？　コレも？」

「そうそう、ぜんぶポッケに入れて。コートみたいな皮を被《かぶ》ってるのはまだ新しい証拠だから、皮を被ってるのをどんどん拾ってね」

大漁！


お家に帰って、外皮をむいて、ボウルに張った水に浸す。

古くなって実がしおれているものは水に浮くので、捨てる。

底に沈んだものをそのままよく洗い、フライパンで火にかける。

強火で一気に煎れば、硬い殻が自然に裂けてむきやすくなる。

コレだよ、コレ！　懐かしい香りが漂う。

「できあがり～！　みんなで食べよう！」

「チビ、どう？」

「うん、うまいね」

「そうだろ～。もうひとつむいてあげようか」

「もういい……」

「えっ、もういいの？」

……あんまり好きじゃないのかな。

パパが気を落としていると、

「おいちーねー！　もっとー！」

と、ヒメが催促する。

「ヒメはシイの実好きか！　よーし、たくさんむいてあげるぞ！」

「おいちー、おいちー」

ヒメはすっかりシイの実が気に入った。


翌日。

ボリボリ、モグモグ……。

「ヒメ、何食べてんの？」

「どんぎゅり、食べてるの～」

「えっ？　そこに置いてあった生のヤツ？　殻もついたまま？」

「ほら～」

お口の中には茶色い殻ごとかみ砕かれた生のシイの実がどっさり。

「うん」

「え、ぜんぶ飲み込んじゃったの？」

「ごちちょーさまー」

「まいったなぁ～」

シイの実はたしかに生でも食べられるけど、殻は食わないだろ殻は……。


「またシイの実たくさんとってきて、近所のみんなに食べさせてあげようよ」

「ダメだよ。みんなにあげちゃ！」

出た、チビのケチケチ病。そういうときは……。

「だって、どんぐり食べようなんて言ったらみんなウソーって、驚くでしょ。その顔見たいでしょ。それで、チビってすごいね！　食べられるどんぐり知ってるんだ！ってことになるでしょ」

「う～ん、それならいいか」

チビはどんぐり拾いが大好き。
チビのお友達たちもどんぐりが大好き。
意味もなく、とにかく拾ってる。
なんでそんなにひとをひきつけるんだろう？

どんぐりの木にカブトムシが集まり、リスが集まり、野ネズミが集まり、それを狙うヘビや鳥が集まり……。
人間の中に「どんぐり＝豊かな自然」と感じて、どんぐりを大切にするＤＮＡが組み込まれているんじゃないかって思うんだよね。

★ふりかえり
私の父は箱根《はこね》の山の中で育ったから、食べられる木の実だとか、山菜だとかにとても詳しかったんです。大病をする前にもっといろいろ教わっておけば良かったと後悔しています。

春よ来い！　（チビ五歳　ヒメ二歳）

空っぽになったアクリルケースに落ち葉が積もっている。

夏の間わんさかいたカブトムシやクワガタは、四匹のコクワガタ（コイツらはうまく飼えば越冬する！）を残して、全滅した。

自然の摂理。

しかたがない。


……そろそろ見てみるか？

ずーっと放置してあった、誰もいなくなったノコギリクワガタのケースをひっくりかえす。

いた！

クリーム色の卵がちらほら。

土に埋めてあった朽木を割ると、その中からは幼虫が数匹。

やった！　チビに知らせなきゃ。

「チビ！　クワガタの卵と幼虫がいたぞ！」

「えっ！　ホント？　見たい！　見たい！」

幼稚園から帰ってきたばかりのチビは僕の仕事部屋に猛ダッシュ。

「ほら、これが卵でしょ。これが幼虫」

「ほんとだ～！　ボクはしあわせだな～。夢みたい」

大げさだよ。


「クワガタの幼虫は何匹もいっしょに入れておくと喧嘩しちゃうから一匹ずつ入れ物に入れなきゃ。いっしょにやろう！」

小さなアクリルケースに一匹ずつ幼虫を入れていく。

「名前をつけようよ」

張り切るチビが言う。

「えっ？」

「名前をつけて、入れ物に書くの」

面倒くさいけど、しょうがないか。

「これがモニちゃん。これがコニちゃん……」

「はい、はい……」


「早く大人にならないかなぁ」

「大人のクワガタになるのは来年の夏だよ。それまで大事にしなきゃ」

「早く夏にならないかなぁ」

本当に。クワガタよりもオマエとヒメが早く成長してほしいよ。


親戚からゆずをもらった。

お風呂にドボン！

「なんで入れるの？」

「体が温まるんだよ」

「ナンにも変わらないじゃん」

「じゃあ、ちょっと割ってみようか。ほら」

「わー、いいにおい！　あっ！　タネだ。タネ集めてお庭に埋める！」

ゆずだろうが、柿だろうが、サクランボだろうが、タネを見つけると庭に埋めたがるチビ。

いつか、お庭に大きな木が繁り、ゆずや柿やサクランボが実るのを夢見てる。

「来年の春には芽が出るかな？」

幼稚園からの薄暗い帰り道。

自転車で通り過ぎる道路の上に何かがいる。

「あっ！　パパすごいもの見つけちゃった」

「何？」

「そこにカエル」

「ほんとだ！」

「このままじゃ、車にひかれちゃうな」

つま先でちょっとつついても動かない。

「もう寒くて動けなくなっているみたい」

しょうがないから手でつまんで近くの茂みに投げ入れる。

「大丈夫かなぁ？」

チビが心配する。

「きっと自分で穴を掘って春まで寝てるよ」

本格的な冬がやってくる。

昨年の冬には「何か飼いたいよ～」って、チビに何度もせがまれたっけ。

そのたびに「春になったらまたたくさん生き物が出てくるから、それまではしょうがないんだ」って言い聞かせてたっけ。

でも、今年は言わない。


昨年、チビにとっての冬は、あらゆる生き物がいなくなる〝リセット〟の季節だった。

しかし今年は、クワガタが卵に命をつなぎ、果物はタネを残し、カエルは土の中でじーっと春を待っていることを理解し、少しの間待つことを学んだ。


冬があるからこそ、春は光り輝く。

「忍耐」を学ぶうえで、「冬」という季節を理解することは、「我慢しなさい！」「待ちなさい！」と一〇〇回怒鳴るより、効果があるんじゃないかな。


寒風のなか、鼻水を垂らして走り回るチビ。

来年の春にはどれくらい大きくなっているのかな？

春よ来い！

★ふりかえり

タネを埋めるだけ埋めて、そのあとのフォローは何にもしなかったなぁって、いまになって反省。こういうやりっぱなしが私のいけないところ！

ドジョウすくい　（チビ五歳　ヒメ二歳）

「パパ、どっか連れてって～」

休みの日にチビがグダグダしながら言う。

どっかと言われてもなぁ。人混みはイヤだし。

そっか！

チビがどっかと言っても、それは遊園地とか動物園とかそういうことではないんだよね。

楽しければいいのだ！

「よし、ザリガニとりに行こうか！」

「やった～！」

やっぱりね！


「ザリガニいないねぇ」

昨年さんざんザリガニをとった人工の小川に来たけれど、まだザリガニには時期が早すぎるらしい。

でも、僕はすごいものを発見した。

「あっ！　川エビだ！」

「何？　川エビって？」

「ほら、あそこのザリガニよりも小さくて透明なエビ」

「あっ！　ほんとだ！　パパ、パパ、とって！」

「よっしゃー！」

そーっとアミを近づけて、向こうからアミの中に入ってくるのを待って……。

「とったど～～～」

「やったー！」

「え？　何がとれたの？」

同じようにザリガニとりのしかけを持っている近所のちびっ子たちが七～八人集まって来た。

「カ・ワ・エ・ビっ」

チビが偉そうに説明する。


「えー、川エビ？　見せて、見せて～」

お兄ちゃんたちに囲まれて得意げなチビ。

「オレの父さんがとったんだよ！」

「スゲー！！！」

ちびっ子たちはソンケーのまなざしで僕を見上げる。


「川エビ、欲しいなぁ」

ちびっ子たちの一人が言う。

チビはケチだからゼッタイダメとか言うんだよな、いつも。

と、見ていると……。

「いいよ。これあげる！」

「ほんと？　いいの？　ありがとう！」

「チビ、偉いじゃん。よくあげられたね」

チビも少し成長したのかなぁ。

「だって、あの子たちいい子なんだもん。ちゃんと〝これ欲しい〟って言えたから」

そうか、オマエは欲しくても素直に「それ欲しい」って言えなくていつも力尽《ちからず》くで奪っちゃうもんな。


ちびっ子は跳ねるように喜んで、自分のケースに川エビを入れた。

「おい、みんな！　川エビもらったからみんなで飼おう！」

「やった～～！」

ちびっ子たちがいっそう盛り上がる。

「どうやってとったらいいの？」

手に手にアミを持ったちびっ子たちがとり方を聞きに来る。

パパは川エビヒーローー！

いつもなら、

「ダメ！　オレの父さんはほかの子にやさしくしないで！」

なんて意地悪を言うチビが、川エビヒーローのパパをただうれしそうに見ている。

そうこうしていると、こんどはニョロッと動くものを発見！

「おっ！　ドジョウがいるぞ！」

「どこ、どこ？」

ちびっ子たちはもう興奮のるつぼ。

「ちょっと待てよ！　おじさんがとってあげるから勝手にアミを入れるなよ」

小学生相手にしきっちゃってる僕。

そーっとアミを近づけて、ドジョウの下の泥にめり込ませたら一気に上げる。

川底の泥ごと上げたアミの中をかき分けると……。

「いたぞ！　とったぞ！」

「スゲー！」

パパはドジョウすくい名人！

「ドジョウ欲しい！」

ちびっ子たちが僕にねだる。

「チビ、どうする？」

一応チビの気持ちを聞くと、

「いいよ！　ドジョウもあげる！」

と、やっぱり気前のいい返事。

へぇ～。チビ、偉くなったなぁ。


「いいよ」って言えるってのは、チビにとっては大進歩！

「ひとにやさしくしよう」とか「ひとの言うことを素直に聞こう」とか、最近特別に強調してきたわけじゃないけれど、〝そのとき〟が来れば自然とみんな、何をしてはいけなくて、何が正しいのかを理解するようになるんだよね、きっと。

親がしつけを意識するあまり、ちょっとしたことで怒ってばかりいると、むしろ「ちょっとしたことで怒っちゃう子」に育っちゃうんじゃないかって僕は思う。

しつけのために親ができることって、「ああしなさい、こうしなさい」と答えを教えることじゃなくて、親自身があるべき姿を身をもって示し、自然と子どもがまねするようにしておくってことなんじゃないかな。

★ふりかえり

　このころチビが、何かお願いされてもつい「ダメ」って言っちゃってたのは、ケチなんじゃなくて、自分がよく「ダメ」って言われていたからなんだといまになればわかります。この本では自由奔放な子育てのように見えるかもしれないけれど、四六時中そうだったわけじゃありません。私もダメダメよく言ってました。反省。

釣りロマン　（チビ五歳　ヒメ二歳）

真っ青な空に映える山々の緑。

水面にキラキラと反射する初夏の太陽は、同時に僕の坊主頭をジリジリと焼きつける。

ひろおじちゃん（僕の弟）がチビと僕を釣りに誘ってくれた。

三人乗りの手こぎボートで湖に乗り出した男三人は、それぞれにロッドとルアーを手に取り、キャスティングをくり返す。

静かな水面下に潜む大物を思いながら。

気分は映画『リバー・ランズ・スルー・イット』。


「ねぇ、釣れないじゃん！　もう帰ろうよ……」

釣りはじめて三〇分たったかたたないかのうちに、案の定、チビが飽きだした。

まわりのボートを見回しても誰も一匹も釣り上げていないから、ここはチビの言うとおりにさっさと退散するとしよう。

というのも、僕とひろおじちゃんは別プランを用意していたから。

それは、釣り堀！


最初はパパがお手本を見せる。

「こうやって、お魚がいるところに糸を垂らして」

「……………」

「お魚が糸を引っ張ったら竿《さお》を真上に上げる！　ほらっ！」

「パパってスゲーだろ！」

パパはいつもヒーローじゃなきゃいけないって知ってるひろおじちゃんが僕をもち上

げる。


「次はチビが自分でやってみな」

不安な表情で釣り竿を受け取るチビ。


しかし、そこは釣り堀。

糸を垂らした瞬間ヒット！

「ほら、チビいまだ！　上げろ～！」

「おっ、おっ……、おぉ～～～～」

「やった～～～！」

「チビ、一人で釣れたじゃん！　スゲーじゃん！」


「やった～～～！　オレ、一人で釣れた～～～」


さっきまでの不安な表情はどこ吹く風。

「もっと、釣ってみる！」

と、得意げに数匹を釣り上げて終了。

釣るのは五匹までと決めてあった。

五人分で十分だから。

これまで遊びで釣りをするときはいつもリリースしていたけど、今日は食べるのだ!


「チビ、よく見てな」

釣り堀のおじさんは、まな板の上で暴れるマスを押さえつけ、手際よく腹を割き、エラをえぐり出す。

「お魚さんが〝やめて~! 食べないで~!〟って暴れてるでしょ。かわいそう?」

「うん……」

さっきまではゲーム感覚で魚を釣り上げてキャッキャ言っていたチビもちょっとおとなしくなる。

「チビが釣っちゃったから、お魚は殺されて食べられちゃうんだよ。でも、いつも食べてるお魚もお肉もぜんぶいっしょなんだよ。みんな生きているものを殺して食べてるの。だから大事に食べなきゃいけないんだよ。わかった?」

「うん、わかった……」

山の中の湖で自然の美しさを堪能し、釣り堀で命の大切さを痛感し、その恵みをありがたくいただく。

そうして、パパとひろおじちゃんのアウトドア講座が終わった。


「ボク、釣り得意だよ！　パパと釣りしたこともあるもんね！」

得意げなチビのセリフに、僕は内心苦笑する。

「おもちゃの釣竿でクチボソを釣っただけ（笑）」

ひろおじちゃんに小声で説明する。


おもちゃの竿を使ったクチボソ釣りも、本格的なバス釣りもチビにとっちゃあいっしょだよな。

近所の小川でのザリガニ釣りも、山の中の湖で釣ることも本来的には同じこと。

それなのに大人になると、お金のかかる派手なことほど本物って感じがしちゃってさ。

「生き物を飼いたい」ってせがまれたときにも、僕はペットショップのハムスターや、カメを想像したけど、実際チビはお庭の土の中から出てきたコガネムシの幼虫で大満足だった。

そのピュアな感覚はどんな大金よりも人生を豊かにしてくれるはず。

見てくれの派手さや、人の評判ばかりを気にしていると、お金なんていくらあってもきりがない。

どんなに物をもっていても、いつまでたってもしあわせにはなれないだろう。

「しあわせ」とは「いまそこにあるものにありがたみを感じること」なんだよね、チビ。

自然の美しさ、命の大切さ、本当のしあわせ……、僕がチビに伝えたいと思っていることの多くは、実はチビが生まれて、チビに気づかされたことばかりなんだ。

★ふりかえり

チビが小学生になってからは、海釣りに行くようになりました。週末に朝早く起きて、釣り船に乗ってアジやらキスやらをよく釣りに行きました。自分が釣った魚は自分でさばかせました。小学生にして魚がおろせるようになりました。中学生になり、釣りに付き合うのをおっくうがられるようになってから、私もとんと釣りに出ていません。当時、自分の趣味は釣りだと思ってましたけど、チビが大物を釣り上げて喜ぶ顔を見たいだけだったんですね。

第四章　子育てはスポーツだ！

パパに必要なものってなんでしょう？　やさしさ、厳しさ、ユーモア、経済力……？　どれも大切ですが、「体力」ってのも外せません。

都市化や核家族化が進む以前なら、子どもは虫を捕まえるだの、川で泳ぐだの、お友達と取っ組み合いをするだのと、朝から晩まで勝手に外で遊び回っていたのでしょう。有り余る体力をぜーんぶ自然やお友達との関わりの中で発散していたに違いありません。

しかし、いまの子どもたちは路地で遊べば危ないと注意され、公園でも「ボール遊び禁止」「騒がないでください」などのへんてこな看板ににらまれて、思うように遊べません。しかも、不審者がいるといけないということで、常に親の監視下にいるわけですから、大人にはナイショのイケナイ遊びとか、キケンな遊びとかもできません。それに第一、いっしょに遊ぶ仲間も時間も限られていますから、常に欲求不満でしょう。

運動神経の発達を研究する偉い先生にお話を聞いたことがあります。運動神経を良くするのにいちばんいいのは、幼稚園くらいまでに気がすむまでじゃれ合い、取っ組み合いを経験することという説です。そうすると、脳と筋肉を結ぶ神経が密につながって、運動神経が良くなると。

しかも、運動神経だけじゃなくて、相手の感情を読みとる力や頭の良し悪《よしあ》しにもかかわるというから大問題です。「うちの子はいい子に育てるの。喧嘩はダメよ」なんて取っ組み合いを止めてしまうから、人間力が育たないのだということです。

「それじゃ、暴れん坊になっちゃうんじゃないの？」って点もご心配なく。「発達上、必要がなくなれば、取っ組み合いも勝手にやめる」のだそうです。

ところが、外で取っ組み合いなんてしようもんなら、親子ともども怒られるのがこのご時世。となると、パパがサンドバッグになるしかありません。

『おとうさんはウルトラマン』（学研《がっけん》プラス）という楽しい絵本がありますが、当たってます。子ども相手に怪獣遊びをしたって、たしかに三分間がやっとです……（汗）。

怪獣ごっこ　（チビ六歳　ヒメ三歳）

夕飯前、ママは台所で大忙し。

チビやヒメはその間、夕方の子ども番組を見ていることが多い。

決しておとなしくはしていない。

テレビの前の場所とりだの、おもちゃの取り合いだの、どうでもいいことで喧嘩を始める。

これも兄妹《きょうだい》のコミュニケーション、なんだろうけど。


ただでさえ時間に追われて、夕食の支度をしているママにとっては、最悪のBGMだ。

「喧嘩はやめなさ～い！（怒）」と言いつつ、ママも喧嘩に加わって、三《み》つ巴《どもえ》の状態になる。

ママ本人はその客観的事実に気づいていないけど（笑）。

だから、僕はできるだけ、夕食前のひとときをチビとヒメと遊ぶ時間に充てようと思ってる。

そうすることで、いいムードで夕飯を迎えることができる。

最近のチビたちの流行《はや》りは怪獣ごっこだ。

僕が怪獣になって、チビとヒメのウルトラマン連合と戦う。

体当たり攻撃や投げ技を受け、スペシウム光線にいちいち倒れなければならない。

ハードだ。

ただでさえ腰が悪いのに。


怪獣ごっこが面倒なときは普通のお相撲に切り替える。

最初は僕がわざと負けてあげる。

でも、わざと倒れて起き上がると、それはそれで体力を消耗する。

いちいち倒れるのがおっくうになってくると、僕はだんだん本気を出してチビを投げ飛ばす。

それでもチビは真っ赤な顔をして「もう一回！」と、何度でも取り組みを挑む。

「もういいだろう」と思っても、「まだまだ〜」ってアドレナリンが大放出し始めちゃう。

子どもが体当たりの遊びをやりたがっているなら、親の役割として、汗びしょになるまでとことん付き合うべきだろう。

でも、僕にはそこまでの体力がない。

情けない……。


こんどはボクシングにしてみよう！

「こうやって構えて、こうやってパンチ。これがジャブで、これがストレートだ。OK？」

「OK！」

「それじゃ、ジャブ、ジャブ、ストレート……」

パパの手のひらにチビの拳がペシッ、ペシッと当たる。

「そうだ、いいぞ、これをワンツーっていうんだ。はい、ワンツー、ワンツー……」

ボクシングの練習なら、パパは動かなくてすむ。

こりゃ、いいぞ。

「もっと強く、もっと速く！」

ペシッ、ペシッ……。

「強く！　速く！　強く！　速く！　強く！　速く！　強く！　速く！」

ペシッ、ペシッ……。

「パパ、ちょっと休憩……」

ついに、チビが音を上げた。

……やった、勝った！


翌日、チビがまた「怪獣ごっこしよっ！」と言う。

「ボクシングにしようよ！」とパパ。

「怪獣ごっこがいい！」とチビ。

結局また、怪獣ごっこをするはめになってしまった。

そして、またその翌日。

パパは夕食ができあがるまでリビングには顔を出さなかった。

だって、体がもたないんだも～ん。

★ふりかえり

私こそ三日坊主ですね。「子どものために！」と思うんだけど続かない。そのときに思いついたことをして、おしまい。こりゃダメだ。

補助輪外し大作戦　（チビ四歳　ヒメ一歳）

幼稚園のころ、父親と自転車の練習をしたことを鮮明に覚えている。

緑色の自転車にまたがり、押してもらう。

スピードが上がってきたところで、「ねぇ、パパ、ストップ……」と言ってみても反応はなく、不安になって振り向くと父親ははるかうしろで腕組みしてて、怖くなってそのままコケる。

痛くてうれしい通過儀礼。

逆上がり、キャッチボールとならんで、パパが教えてやりたい種目のひとつ。

そろそろチビにも教えてやるか！


スパナを持って自転車置き場へ行き、補助輪を外そうとするが、形が合わない。

「ゴメン、まずはお店に行って道具を買ってこよう！」


しかし、工具を買いに行って、四苦八苦しながら補助輪を外した時点で、週末用のエネルギーを使い果たしてしまった僕には、さらに腰をかがめて自転車を押す気力は残っていなかった。

「ゴメンね！」

こうして補助輪外しの初日は文字通り「外す」だけで終わってしまった。

チビはひとりで補助輪を外した自転車にまたがり、いままでとは違う感触を一五分ほど楽しんでいた。

でも、これが良かったみたい、なんだな。


翌週、気をとり直して、「今日こそ自転車教えてやる！」と、本当は二日酔いのだるい体にムチ打って路地にくり出す。

でも、やっぱり気持ち悪い僕はちょっと押しては「もうダメ……」と長続きしない。

またしてもゴメン。

授業を放棄して自習にしちゃった先生みたいに、「足で蹴って進んでみな」と放置プレーに切り替える。

このときも一五分くらい自習しているチビを眺めていたかな？


二～三週間のブランクがあってしばらくぶりに「今日こそ乗るぞ！」と僕。

三回目の練習にして初めてちゃんと自転車を押す。

……あれ？　ちゃんとバランスとってるぞ、チビ。

まだペダルはこげていないけど、いきなりバランスはとれている。

二回の自習でバランスのとり方はすでにマスターしたらしい。

僕の二日酔いが良かったみたい。

「チビ、そのままペダルこいでみな。そうそう」

こりゃイケそうだ！

しかし、中腰で自転車を押していると、一五分くらいで僕のカラータイマーは点滅しちゃう。

「ハイ、今日はここまで～。でも、きっとすぐに乗れるようになるぞ。またやろうな！」


そして、翌週。

あっけなく〝そのとき〟はやってきた。

二～三回目に押したとき、ペダルをこいでいてもかなり安定してるので、そっと手を離してみる。

スーッと自転車はそのまま前へ進む。

「の、乗れちゃった！」

幼いころの経験からすると、ここでパパがボケッとしていると最終的にコケて、「手を離される＝痛い＝怖い」という意識が植えつけられてしまう。

だから、なんとか中腰のまま自転車についていき、コケそうになる手前でサッと自転車を支える。

「いまね、あそこから手を離してたんだよ。チビひとりで乗ってたよ」

チビはうれしそうに目を輝かせて「もういちどやってみる！」とやる気満々。

そんなことを二～三度くり返し、こんどは手を離すことを宣言してみる。

「ハイ、手を離すよ。そのままこぎ続けろよ！」

「うん……。でも倒れそうになったら押さえてよ、よ、よ……」

「倒れると思ったらブレーキしてみな～」（ムリかなー？？？）

キーッ！　ピタッ！

コケないでちゃんと止まってる。

アンビリーバボー！

ほんとに乗れちゃった。いちどもコケないで。合計一時間足らずの練習で。


「さすがわが子」と言いたいところだけど、こりゃ元国体選手のママの遺伝子だな。

ママゆずりの運動神経。

いまから鍛えればいい筋行くかも、チビのやつ。

サッカー？　野球？　格闘技？

チビが自転車をマスターした夜、自分が自転車に乗れたそのときよりもうれしかったかも。

よし、こんどは逆上がりに挑戦だ！

★ふりかえり

このころはとにかくよく飲んでましたね。それでだいぶ家族に迷惑をかけていたと思います。これは、たまたま災い転じて福となした話です。

逆上がりできない……（チビ六歳　ヒメ三歳）

チビは逆上がりができない。
運動系は得意なんだけど逆上がりはあと一歩。
お友達にはできる子もたくさんいる。

何度か挑戦してできないと、すぐに練習をやめちゃうチビを見て、ママは歯がゆく思っているらしい。
逆に、自分にできてひとのできないことを自慢したり、年齢が上であることを自慢したりするせこさがムカつくらしい。

「ジャングルジムを足だけでてっぺんに登れるとか、努力してできるようになったわけじゃないじゃない。それに、四月生まれだからって歳が上だとか自慢したり……。そうやって努力してもいないのにひとに自慢するところがどうかと思うのよ（怒）」

ママってそういうところ律儀だから。


「まぁ、まぁ、まぁ……」

息巻くママを落ち着かせるのもハラハラする。

あんまりチビをかばいすぎると、また、「あなたが甘いから……ブツブツ」って、攻撃が始まっちゃうよ！


でも、訳のわからないことで自慢しちゃったり、みんなしてたでしょ。

子どものころって。

ましてや六歳の子どもに努力を求める？

「好きこそものの上手なれ」で十分な年ごろでしょ。

ママはときどき、そういうごく当たり前なことを忘れて、体育会系の厳しさを振りかざしてしまう。

ついつい自分の美学をチビに押しつけちゃうのね。

さらに言うと、「努力してもいないのに……」ってところも引っかかる。

努力をしてできるようになったことなら、できないひとに対して自慢してもいいの？

「ほら、オマエは努力しないからできないんだよ」って？

それこそイヤミだよね。

訳のわからないことを自慢しているからこそ、笑い飛ばせるのであって……。

とはいっても、意味のないことで自慢するのはやはりかっこよくない。
それは根気よく教えなければいけないね。
教えるというよりは、どうしてそんなくだらないことを自慢しなければならないのか、
チビの気持ちを読み解く必要があるかもね。

チビが逆上がりの練習をすぐにやめちゃうのは、逆上がりができない自分を恥ずかしく思っているからだと僕は思う。

お絵描きやひらがなではまるで女の子にはかなわない。

男の子のなかでも下手っぴなほう。

チビだって、密《ひそ》かにたくさんコンプレックスをもっているのだと思う。
しかも、そのコンプレックスを実は人一倍気にしているはず。
チビがどうでもいいことで自慢しちゃうのはコンプレックスの裏返しなんだと思う。

でも、このことについては逆の見方もできる。

チビが逆上がりができないことをすごく恥ずかしく思っているのは実はママのほう。
そんな情けないチビが自分のことを棚に上げてひとを見下すような発言をしているこ
とに、ことさら腹が立っているのだということもできるかもしれない。

これからの人生いくらでも、つまずき、乗り越えていくチャンスがあると思う。
そこで、自分で壁を乗り越えていく達成感を覚えてくれればいいと思う。
自分でも乗り越えなきゃって思ってる壁を前にして、「早く乗り越えなさい」ってお
しりをつつかれたら、かえってやる気をなくしちゃうよね。

いま、逆上がりができないことで、チビはチビなりにちっちゃな劣等感や挫折を味わ
っている。

訳のわからない自慢で自分をごまかしながら、ちっちゃな劣等感をいつか乗り越えなければ！と、チビ自身が待ち望んでいる。

そう信じて、ただ見守りたい。

だからいまは、パパから「逆上がり練習しよーぜー」なんて誘うのはやめておこう。

★ふりかえり

教育虐待の取材をしているとき、ある塾の先生が言っていた表現がいまでも印象に残っています。「自分がもっている弱さを、子どももっているとわかったとき、親は過剰に反応するんです。子どもの未熟さに腹が立ってしょうがないときというのは、その未熟さを親自身ももっているということなんです」。子どもに対してついイラッとしてしまうとき、自分の中に同じ弱さがあるんじゃないかって、自分自身と向き合えるといい。パートナーが子どもに対してイラッとしているとき、彼または彼女がもっている弱さをそっと包み込んであげられるといい。そんなこと、当時はわかりませんでした。

逆上がりできた！　（チビ六歳　ヒメ三歳）

鉄棒を逆手に握り、緊張した面持ちで宙をにらむ。

左右の足を前後に開き、腰を前後させてリズムをとる。

オリンピックの一幕ではない。

幼稚園の園庭でのチビの逆上がり。


「ハッ」と目に力を入れたかと思うと、地面を蹴ってピンと伸びた足が空を指す。

よし、その調子！

パパの拳にも力が入る。

……が、そのまま一秒、二秒……動かない。

あれれ？と思っていると、そこからチビの二の腕がグイッと鉄棒を引き寄せ、腰の位置が上がっていく。

す、すごい力業だ！


ようやく太ももが鉄棒の上に乗っかった！

そこからは勢いでクルンッ！

やったー！　逆上がり成功！

「よっしゃ～！」

雄叫《おたけ》びを上げるチビの表情は、北島康介《きたじまこうすけ》のようだ。

たかが逆上がり、されど逆上がり。

運動系ならたいていのことができるチビだけど、逆上がりだけはなかなかできなかった。

自分よりも運動が苦手と思っているお友達が続々とできるようになっていくなか、チビはチビなりにプレッシャーを感じていたらしい。

「やった～！　オレ、逆上がりできるようになっちゃった！」

それから、公園に遊びに行くときは鉄棒のある公園というのが条件となった。

逆上がりをすることが、たまらない快感になっているらしい。

どんなことも比較的飲み込みが早いチビ。

ひとにできることがなかなかできないという状況を味わった経験がない。

今回、チビとしてはほぼ初めてのコンプレックスを克服した。

チビの顔には自信が見てとれた。


これまでは苦手なものは避けて通る嫌いがあった。

逆上がりができるようになってからというもの、チビはいろいろなことに前向きに取り組むようになった。

できなかったことができるようになる喜びに目覚めた。

これはすごいことだ。

チビの人生における革命といってもいい。


しかし、まだまだ問題もたくさんある。

「○○くん、まだ逆上がりできないんだぜ！　ダサくねぇ？」

自分が逆上がりをできるようになった翌日から、このセリフ……。

自分の味わった苦い気持ちと他人の気持ちをまだまだリンクさせることができない。

イラッとする気持ちを抑えて、

「そうか、チビは逆上がりができるようになってうれしいんだな。なかなかできなかったもんな。でも、オマエも逆上がりができなかったときに、みんなからからかわれたらイヤな気持ちがしただろ？　だったら、逆上がりができないくらいでお友達のことをバカにしちゃいけないよね」

と、一応、釘を刺す。

「……う、うん」

わかってんのかなぁ～？

かなり、不安。

★ふりかえり

何かができることで得られる「根拠ある自信」は、実はもろいし、他人を見下す理由にもなってしまいます。子どもの自己肯定感を育むために成功体験が必要というひともいるけれど、いま、僕はそうは思いません。自己肯定感とは、ダメな部分も含めて、自分はありのままの自分でいていいんだというほのかな安心感です。自分をありのままに受け入れてくれる存在が身近にいればいいんです。

公園の絶叫マシン　（チビ四歳　ヒメ一歳）

公園の遊具のなかで、チビのいちばんのお気に入りはブランコ。

「いっちばん高いところまで行けるように強く押して！」って言うから、ブランコのリズムに合わせていつまででも力一杯背中を押し続けなくちゃいけない。


「パパ！　いま、ボクいちばん高い？」

「おぅ、いちばん高いぞ！」

…………。

「あれ？　だんだん低くなってきた！　もっと押して！」

「ひぇ～～～。もうヘトヘト（涙）」

延々、そのくりかえし。


押すのに疲れたら、ちょっと危険な遊びにチェンジする。

勢いよくスイングするチビのブランコの目の前に仁王立ちする。

そして、チビを乗せたブランコが迫ってきたらギリギリでよける。

この遊びは僕にとってもチビにとってもスリル満点。

サイドステップでよけたり、のけぞったり、体をひるがえしてよけたり、いろんなよけ方でチビのブランコをかわす。

気分は怒り狂う巨牛をかわす闘牛士！

チビは単純に「パパ、スゲー！」とか思ってる。

ただし、まわりで小さい子が見ているときにはやっちゃいけない。まねすると危ないから。


大好きなんだよね。実は、僕も。

ブランコ。

チビと公園に来るようになって気がついたのだけど、大人になってからブランコに乗ると、子どものときにただひたすら大きくこいでいたのとは違う感覚が味わえる。

チビのブランコをめいっぱい押して、闘牛ごっこもやって、ひととおりチビが満足してくれたら、やっと僕もブランコタイム。
チビと並んでブランコに腰かける。
ある程度こいだら、そのまま惰性に任せる。
目の前の世界が「地面↓公園の風景↓青空↓公園の風景↓地面↓公園の風景……」と
めまぐるしく変わるのを見ていると、自分が万華鏡の中に入ってしまったような錯覚
を覚える。
そして、もうしばらくすると、頭の中がくすぐったくなってくる（僕だけ？）。
そんな感覚の中で、いつも口ずさんでしまう曲がある。
Ｓａｄｅの「Kiss of Life」。

〝Look at the sky. It's the colour of love〟

というフレーズをくり返し口ずさむ。

チビにも聞こえないくらいの小さな声で。

ときどき、涙さえ出てくることがある。

ほかにすべきこともない、暖かな日差しのなかで、地面から空までぜんぶを同時に視野に入れながら、すぐそばにはチビがいて……。

この、あまりにシンプルな時間、空間にすべてがあるような気がして、恐ろしいほどの幸福感に襲われて。


空が見えては消えて、消えては見えて。

空が見えるたびに「あっ、the colour of love！」って。

そのうち空がおっこちてくるんじゃないかって感覚になって……。

きっと脳内麻薬が分泌されているに違いない（と、僕は思う）。

そして、降りてからもしばらくは本当に頭がぼーっとして気持ちいいんだよね。

想像しただけでラリってきた……。


僕にとってブランコはまるで、見た目は素朴なのに芳醇《ほうじゅん》な香りと味わいで心をくすぐり、じっくりと陶酔の世界へと誘《いざな》う最上級のお茶。

ブランコの恍惚《こうこつ》を知ってしまうと、テーマパークの絶叫マシンなんて、無理やりにひとを酔わせようとする強くて粗野な安物のウイスキーに思えてきてしまう。

★ふりかえり

「あまりにシンプルな時間、空間にすべてがあるような気がして、恐ろしいほどの幸福感に襲われ」るという経験は、年を経るごとに増えているような気がします。ひとのしあわせに必要なものって、とってもシンプルなんじゃないかと思います。子どもにはそれだけを伝えられれば十分なのに、私たちは子育てを勝手に複雑に考えているのかもしれません。

第五章

他人のふり見てわがふり直す！

　自分が親になると、街中で子連れに目がいくようになりますよね。しかも、子どもたちみんなが、どの子も、かわいく見えますよね。子どもという生き物を見る視点なのか解像度なのかが変わるんでしょうね。

　抱っこされてニコニコの子どもと目が合えば、こっちもニコニコになって微笑《ほほえ》み返してしまいます。言うことを聞かない子どもに対してキレそうになるのを必死に我慢している親御さんを見ると、「わかるよ、僕もパパだから」と声をかけたくなります。公衆の面前で叱られ続けている子どもを見ると、ついかばってあげたくなってしまいます。

　でもあの親子はぜんぶ自分です。他人から見れば、きっと私もそう見えています。

「子どもは社会の宝」といわれます。

　親にとって、自分の子どもがいちばん大切に思えてしまうのは当然です。しかし、まわりの子どもたちだって、わが子と力を合わせて未来の社会を築いていくパートナーです。彼らがたくましく、賢く、しあわせに育ってくれないと、わが子の未来も危うくなります。ひとは一人では生きていけないから。その意味で、社会全体で子どもを大切にするのは当然です。

しかし、「子どもは社会の宝」にはもう一つの意味があると私は思っています。「あなたのお子さんは、たまたまあなたのところに生まれてきただけであって、そもそもあなたのものではないのですよ。立派に育てて社会にお戻しするまでが親の役割ですよ」という意味にも解釈できます。まるで「かぐや姫」ですね。子どもを私有化してはいけないということです。

そのような意識が広まれば、子育てという社会的ミッションの公共性が認められやすくなり、社会のムードも変わるんじゃないかと思います。逆に世の親が、わが子のかわいさばかりに目を奪われ、子どもを私有化していると、ますます子育てのしにくい社会になっていくのではないかと思います。

スタンプラリー　（チビ六歳　ヒメ三歳）

夏休み恒例、スタンプラリーは親にとって地獄の一日。

チビといっしょに行ってきた。

「次はここ」

「……ええっと、大船《おおふな》ね」

「次はこっち」

「……っと、大船の次は柏《かしわ》かよ！」

勘弁してくれ～。


「電車の中で自分の子どもが騒いでいるのに、注意もしない親が多い」と嘆くひとがいる一方で、スタンプラリーの様子を見ていると、電車の中で騒ぐ子どもをそれ以上に大きな声で叱る親が目につく。

そのときの親の気持ちはきっとこうだろう。

「電車の中では大きな声を出しちゃいけないってことをしっかりしつけなきゃ。でも、静かに諭しても言うことは聞かない。ああ、どうしよう。静かにしてほしい。このまま じゃ、私が困っちゃう。あめ玉をあげれば静かになるかもしれないけど、それじゃしつけにならない。やっぱり大きな声で叱るしかない」

「私が困っちゃう」という部分が本音なんだと思う。

それを親自身、自覚することが重要だと思う。

単に子どもを静かにさせたいなら、あめ玉をあげる作戦もあるだろう。

しかし、「しつけ上好ましくない」という考えが交錯するからややこしくなる。

「静かにしてくれないと自分が困っちゃう」から怒りが湧いてきているのに、それを「しつけなきゃいけないから」という義務感とすり替えて、叱りすぎてしまったりすることがあるんじゃないかと思う。

「これだけ言ってるのに、言うこと聞かないなら、もう知りません」なんて、車両中に聞こえるような大声で言ってしまっている親の本音は「私はちゃんとしつけようとしてるのです。悪いのは私じゃないんです。悪いのはこの子なんです」って車両中のみんなに訴えて、「責任」を逃れたいと思っているのだと思う。

でも、それは何に対する「責任」？

「電車の中では静かにするもの」ということを伝えるのは、親から子どもへのしつけの責任。

でも、実際に電車に乗っているときに子どもを静かにさせるのは親の社会人としての責任。

この違い、わかるでしょうか？

「子どもに対するしつけの責任」と「社会人としての責任」を同時に果たそうとするから無理がある。

状況に応じて、「しつける」ことと「静かにさせる」ことのどちらを優先するかというのを意識して選択すべきなんだと思う。


「電車の中では静かにする」というしつけをしたいなら、本来は電車の中ではないほうがいい。

電車の絵本でも買って、「ほら、電車の中ではみんな静かにしてるでしょ。たくさんひとの集まる場所ではお互いに迷惑にならないように、静かにするお約束なんだよ」とか言って、おうちでしっかり教えるべきなんだと思う。

電車に乗った時点でできていないしつけが、電車を降りるまでにできるわけがないのだ。

「事件は現場で起きているんだ！　会議室で起きてるんじゃない！」って名ゼリフがあるけれど、しつけに関しては、「しつけは現場でするんじゃない！　おうちでするんだ！」というのが正しい気がする。


だから僕は、電車が混んでいたり、近くに怖そうなひとがいる場合は、「しつけ」をあきらめ、「静かにさせる」ことを優先する。

だから、ときとしてあめ玉を渡したり、「到着するまで静かにできたらジュース買ってあげる」と取り引きすることもある。

しつけ上は禁じ手だ。


でも、電車の中が比較的すいていて、まわりに怖そうなひとがいない場合には、電車の中でも「しつけ」を試みる。

状況によって態度が違うと、子どもが戸惑うという意見もあるが、それこそ「空気を読む力」。

親の状況判断から、子どもは「空気を読む力」を身につけるのではないかな。

★ふりかえり

わかったように書いていますが、最初は私もぶち切れてましたよ、電車の中で。でも、あるとき自分が二重の役割の板挟みになっていることを自覚しました。そこからは状況に応じた判断ができるようになりました。あめ玉作戦をしてしまうとしつけができなくなるというのは嘘だと思います。子どもはそんなにバカではありません。

１１９番！（チビ五歳　ヒメ二歳）

ピーポーピーポーピーポー！

救急車が朝の渋滞のなかを進んでいく。

朝、チビを自転車のうしろに乗せて幼稚園に連れて行く途中、信号を待っているときのことだった。

「あっ、救急車だ！」

チビが喜ぶ（不謹慎でスミマセン）。

たしかにかっこいいけど、救急車や消防車に会うことは本当は良いことではないことをちゃんと教えないといけない。

「誰か病気なのかな？　早く道をあけてあげないとね」

「あっ、そうか」


歩行者用の信号は青に変わったけど、僕らは横断歩道を渡らなかった。

「救急車が近くにいるときは横断歩道を渡っちゃいけないんだよ。みんな止まって、まわりの車は道をあけるの」

「パトカーは？」

「パトカーのときもそう。早くしないと犯人に逃げられちゃうでしょ」

「ほら、車がみんなどいてるでしょ。こういうとき誰かが横断歩道を渡っちゃうと、車が道をあけにくくなったり、救急車が通れなくなっちゃうから、人間も止まってなきゃいけないんだよね。知ってるでしょ」と、社会のルールを再確認していると、やはり幼稚園に向かうらしい親子が目の前を渡って行ってしまった！

「あれ、あのひとたち渡ってるよ」

「本当はいけないんだよ（汗）」

まだ救急車が来るには少し時間的余裕があったけど、渡っちゃいけないんじゃないかな？　特に子どもといっしょにいるときは……。

「消防車もいっしょだよ。どこかで火事が起きていて、誰かが助けて～！って言ってるかもしれないから。少しでも早く現場に到着しなきゃいけないでしょ」

救急車が行ったあと、次の青信号で横断歩道を渡りながら、念を押す。

交差点を救急車が進もうとしているのに、平気で前を横切る大人ってよく見かける。僕はそういうひとを見るたびに「ああ、あのひとの子どもか配偶者か誰か大切なひとが危篤で急いでいるんだ」と思うようにしている。

それ以外に救急車の速度を落としてまで先を急ぐ理由が見つからない。

僕は「ルールだから守らなきゃ」って言ってるんじゃない。

間違ったルールや意味のないルールなら、黙ってそれに従うより、それを変えようと思うほうが偉いと思うから。

チビにはそうやって教えたいと思ってる。

「緊急車両が通るときに止まって待ちましょう」っていうのも「ルールだから」ではなくて、そこに必ず困っているひとがいて、そのひとの苦痛が感じられるから。

さっきのママは「さっと渡れば救急車の進行に影響がない」と判断したのだとは思う。

そしてその判断は間違ってはいなかったと思う。

しかし、それを見た子どもが、今回のことをまねていつか間違った判断をしてしまうかもしれない。

そして何より、「早く病院に行きたいと苦しんでるひとがいる」ということをリアルに考えさせる機会を子どもに与えられなかった。

「思いやりをもちなさい」と口で言うのではなくて、「本当の思いやり＝他人に対する想像力」の必要性を強烈に実感させるチャンスだったのに。

あいさつをするとか、お行儀良く食べるとか、そういうしつけに一生懸命になるのもいいけれど、そういうことよりも本来的にもっと大事なことじゃないかな？

緊急車両が通るときはどんなに急いでいても止まる。

お年寄りや妊婦さんが電車に乗ってきたら席を譲る。

そういうのは他人に対する本当の思いやり。

見ず知らずの困っているひとのことをどれだけ考えられるかという問題。

時代や文化が変わっても不変のマナー。


一方、あいさつとか、食事のマナーとかは、まわりとうまくやっていくためのテクニックにすぎない。

しかも、文化や時代が違えば変化してしまうもの。

けれど、こういうことほど、ちゃんとできてると身近なひとから評価は得やすい。

だからそっちばかりに気がいっちゃう？

……というのはうがった見方か？

★ふりかえり

まったく車が通らない状況の赤信号で歩行者として止まるかどうかという問題について、私は、まわりにおまわりさんと子どもがいないことを確認したうえなら渡る判断をします。おまわりさんを気にするのは、怒られるのが怖いのではなくて、仕事を増やしちゃうからです（別に何も言われませんけどね）。子どもを気にするのは、私のまねをした子どもが、別の機会に判断を間違えちゃうといけないからです。それに準じた考え方で、このときは止まることを選びました。

踊り場の悲劇　（チビ五歳　ヒメ二歳）

デパートの踊り場で、うつぶせになって大の字でギャンギャン泣きわめく子ども。

すぐ近くのベンチには、こちらもいまにも泣き出しそうな顔をして目をつむっているお兄ちゃん。

幸い、うちのチビでもヒメでもない。

僕が一人で買い物に出かけたとき、偶然出くわした光景。

「イヤだ～、イヤだ～（涙）」

大の字の子どもが大音量でわめく。

二～三歳の男の子。

「飲みたいなら自分で開ければいいでしょ！　もぅ～～～」

とほとんど涙声で怒鳴るお兄ちゃんはきっと四～五歳。

僕は見かねて、まずお兄ちゃんに声をかけた。

「弟が言うこと聞かないの？」

「うん」

「ジュースを飲みたがってるの？」

「うん」

「でも、飲んじゃいけないジュースなんだね？」

「うん」

「そうか、お兄ちゃん、偉いな。お母さんは近くにいるの？」

「どこかでお買い物してる」

次に弟に声をかける。

「ほら、ほら、そこはひとがたくさん通るから危ないよ」

「うぁ～～、ぐびゃ～～%＆#$?!～、＆$#」

「お母さんが帰ってきたらジュース飲んでいいか聞いてごらん。それまでお兄ちゃんの横でおとなしく座ってよっ！」

と、とりあえずベンチに座らせる。

「おじさんはこの近くで買い物してるから、もしまた困ったらおじさんを呼びなよ。安心しな。お兄ちゃん偉いぞ」

そうお兄ちゃんに言い聞かせて、一旦その場を離れた。


自分だって小さいのに、人混みの中で小さな弟の面倒を任されたお兄ちゃん。

きっと不安でしょうがないだろう。

そこにきて、弟の理不尽攻撃！

心の中では「ママ～、早く帰ってきて～」って泣いているに違いない。


しばらくすると、髪の長い女性が現れた。

お母さんだ（ちょっと怖そうだけど）！

お兄ちゃんの目にはこれまでこらえていた涙があふれ出す。

弟からもこれまでこらえていた不満があふれ出す。

「あぁ、よかった」と思ったのもつかの間。

この後、踊り場物語は、信じられない展開を見せることになる。

弟の言い分を聞いたお母さんは「ジュースあげればよかったじゃない！」とお兄ちゃんを一喝。

「かわいそうに……」と弟を抱き上げる。

「えっ!?　そりゃなんか、違くないか？」


ちょっと離れたところで見ていた僕には、細かいやりとりはわからない。

でも、お兄ちゃんの安堵《あんど》の涙は、底知れぬ悲しみの涙に変わっていた。


このままじゃ、お兄ちゃん一人が悪者だ。

「うっ……ここで、僕が出ていって、どんな状況だったか説明すべきなんだろうか？

そこまでは出過ぎたまねだろうか？」

僕がモジモジしているうちに、お母さんは弟と手をつなぎ、むせび泣くお兄ちゃんをせかすようにして階段を下りていった。

ゴメン、お兄ちゃん。君をかばってやれなかった。

努力が理解されず、逆に怒られ、もう弁解のチャンスもない。

お兄ちゃんの心の傷はいつか癒えるのだろうか。


デパートを出ても、しばらく僕の心は憤り、沈んだままだった。

「あの子はこれから大丈夫だろうか……」


子どもがどんなに正当性を主張しても、大人に頭ごなしに言われたら言い返せない。

一方的な対話の拒絶だ。


対話を拒絶され続けるとどうなるか？

他人と対話のできない子になるのではないか？


多様性を認め、他人と折り合いをつける力は、小さなときからの親との対話で育つ能力ではないかと思う。

つまり、親にも対話力が求められる。

対話には常に、思いやり、忍耐が必要だ。

どこかの国同士のように、お互いの主張をぶつけ合うだけでは対話にならない。

さらに、僕はチビを叱っても、チビに言い分があるなら最後まで聞く（できるだけ）。

そして、そこに少しでも妥当性があれば認めてあげる（できるだけ）。

そして、みんなから「だから屁理屈ばかり言うへんてこな子に育っちゃうんだよ」と言われる。

う〜ん、たしかに、それも一理ある。

★ふりかえり

あんまりに子どもが気の毒で「そりゃないでしょ、お父さん（お母さん）！」と感じるシーンを町中で見かけることはときどきありますよね。そこで、「通りがかりの者が、差し出がましく申し訳ないのですが……」と口を挟むべきかどうなのか、いまだにわかりません。私のような若造にそういう役割はまだ早いのかなとも思います。もうちょっと人生を知り尽くした味わいのある老人になれば説得力が増して、そういうことを言っても角が立ちにくいのかなと思います。年をとるのは怖くありません。むしろ早くそういう存在になりたいと思っています。

優先席で魅せる　（チビ四歳　ヒメ一歳）

電車の中で、お爺ちゃんやお婆《ばあ》ちゃんが立っているのを見ると、チビはすぐに「ここ、どうぞ！」ってうれしそうに席をゆずる。

わが子ながらに「かっこいいぞ～」と思っちゃう。

電車の中ではすましている僕だけど、お婆ちゃんに「ありがとうね。ボク、いくつ？ちいさいのに偉いね」なんてほめられている姿を見ると、内心はもうウルウルしちゃうくらいにうれしい。

電車を降りるとすぐに、「チビ、すごく偉かったぞ！　かっこよかったぞ！　チビは強くてやさしいな！」って、抱え上げてぎゅーっと抱きしめる。

チビが小さなころから「本当に強いっていうのは、強くてやさしいってことなんだよ」って何度も何度も言い聞かせてきた。

あれは、まだヒメがママのおなかの中にいるとき。箱根登山鉄道に乗ったときのことだった。

ママのおなかはもうかなり大きくなっていて、座らせてあげたかったけど、席はすべてうまっていた。

目の前の席に座っているのはお父さん、お母さん、そして、小学校高学年くらいの子どもが二人という、家族連れ。

お父さんはうちのママのおなかに気づいていた。

きっと同じような経験をしたことがあるだろうし、家族連れならゆずってくれるのでは……？と期待をしたけれど、そのお父さんは見て見ぬふりをして、息子さんとの会話を続けた……。


あのお父さんはきっと、久々の家族旅行で息子さんとすごす時間を大事にしたかったのだと思う。

でも、それは、ちょっともったいないことだったと思う（これは、僕の勝手な言い分で、もしかしたら、腰痛もちなのかもしれないし、前の日に寝ていなかったのかもしれないけど）。

だって、あそこで、「どうぞ」って席をゆずっていたら、息子さんも娘さんも、パパを「かっこいい！」と思っただろうし、やさしさと強さが同意義だということを子どもたちに自然に教えられたと思うから。

家族旅行という最高の舞台でヒーローになるチャンスだったのに。

ちなみに、元国体選手のママは大きなおなかで登山電車に揺られてもへっちゃら。きっと妊娠中でもあのお父さんより体力も根性もあるんじゃないかな？　だから実は、全然ノープロブレム。


電車の中で席をゆずるっていう行為は子どもにもとてもわかりやすく、本当の強さを教える身近なチャンスだと思う。


「本当に強いっていうのはどういうことか知ってる？」

と僕が聞くと、いまでは合言葉のようにチビが答えてくれる。

「強くて、やさしいってこと！」

それだけ伝われば、パパとしての役目はもう半分以上終わったかな、なんて思ってしまう（甘いかっ!?）。

普段、チビに余計なことばかり教えて、ママに怒られてばかりいる僕だけど、たまには大事なことも教えなきゃと思ってさ。

ほんとに、たまに、だけど……。

★ふりかえり

　急停車なんかしたら危ないから、体力的には平気でも、やっぱり妊婦さんは座るべきですね。「おなかが大きいんで、どなたか席をゆずっていただけませんか？」と僕が声をかけてもよかったかなあなんて、いまとなっては思います。それもヒーローに必要な勇気ですよね。

階段とベビーカー　（チビ五歳　ヒメ二歳）

ラッシュアワーの地下鉄の駅。
階段の前で、四歳くらいと一歳くらいの子どもを連れたお母さんがあたふたしている。
エレベーターがない駅だった。

下の子を抱きかかえ、片手でベビーカーを折りたたもうとするけれど、うまくいかない。

上の子だって、まだ目を離せる歳じゃない。


「お手伝いしましょうか？」

僕が声をかける。

「ありがとうございます！」

お母さんは汗のにじんだ顔をあげ、安堵の表情を見せた。


無事改札を出て、ベビーカーを広げてあげると、背後で「この方に助けていただいたの」とお母さんの声がする。

お父さんと待ち合わせだったんだね。

お父さんにお礼言われるの恥ずかしいな、なんて思っていると、「あれ？　おおたさん？」と、背後で声がする。

立っていたのは、昔、仕事でお世話になっていたウェブデザイナーさんだった。

「うわぁ～、すごい偶然ですね！　ありがとうございました！」

「えっ！　あっ！　たまたまお手伝いしたのが、○○さんのご家族だったんですか！」

誰かに評価されようと思ってお手伝いするわけじゃないけれど、知っているひとにこういうシーンを目撃されるのはトクした気分。

しかも、お手伝いしたひとが知り合いの奥様とお子様だなんて、ちょっとドラマみたい。

多くの駅にエレベーターが設置されるようになっているけど、それでも一〇〇パーセントじゃない。

わが家が頻繁に利用する駅にもエレベーターがない。

僕がいっしょなら問題ないけれど、ママ一人ではとっても大変。

「子ども二人連れてれば誰かが助けてくれるでしょ？」

あるときママに聞いてみると、「世の中、そんなに甘くないのよ……」とため息混じり。

「そりゃ、ひどいな（怒）」

まあ、うちのママはか弱そうなタイプじゃないから声をかけられにくいのかな？
うちのママにとっては、どんなところでもバリアフリーだな（笑）。

「バリアフリー」という言葉があるけれど、それはなにも設備や施設のハード面だけでつくるものではない。
困っているひとがいるならまわりのひとが助けてあげる。
それが本当のバリアフリー。

そのことを子どもに教えるには、言葉より手本を示すのがいちばん！
パパがさっと、さりげなく困っているひとを助けるのを見れば、チビはそれを当たり前の行為だと思うはず。

さらに、相手がベビーカーの親子だと、効果は二倍になる。
チビが人助けを当たり前のことと思うのと同時に、助けられたほうのお子さんも人助けの重要性を感じ、またほかの誰かを助けるひとになってくれるだろうから。

しかし、そうもうまくいかない。

「あっ！　あのお母さん、ベビーカー持てなくて困ってるよ。助けてあげよう！」と言う僕を「ダメ！　パパはボクのパパでしょ！」と制止するチビ。

やきもちやきのカノジョかよ！

相手がご老人だとスムーズなのに、相手に子どもがいるとなると、パパをとられたくない気持ちが働くらしい。

「だって、ママとチビとヒメだけでいるときに誰かが助けてくれるとうれしいでしょ？」の問いには、「ママは自分で運んでるもん！」と切り返す。

「………」

そうだった（汗）。

駅でもデパートでも、困っているママはどんどん大げさに困った顔をしていいと思う。誰かが助けてくれるまで、時間が許す限り「う～ん」とか「ふ～ん」とかしかめっ面をしていればいい。

全然恥ずかしいことじゃない。

自分が助けてもらうだけではなくて、それを見ている幼い瞳に大事なことを教えるチャンスなのだから。

そして、助けてくれたひとにちゃんと感謝の気持ちを伝えれば、そのひとはきっとまたどこかで別の誰かを助けてくれるから。

★ふりかえり

コロナ禍になって、困ったことがありました。階段で困っているベビーカーの親子を手助けしたときに、「あっ、感染が怖いかな」と思ったんです。たまたまそのときは手を洗った直後だったので、そのことを伝えました。それから、そういうときのために、小さな消毒液をカバンに入れておくことにしました。目の前でシュッとやれば安心してもらえますからね。

第六章

パパは遊びをクリエイトする！

おもちゃも道具も何にもない状態で、子どもとふたりでできる遊びって、たとえばどんなものがあるでしょう。

しりとりや早口言葉などの「ことば遊び」、あっちむいてほいなどの「じゃんけんゲーム」、アルプスいちまんじゃくなどの「手遊び・唄遊び」などいろいろありますね。

遊びはいつでもどこでも何にもなくても考えられます。それこそ創造力ではないでしょうか。

おもちゃには大きく分けて二種類があると思います。積み木のように子ども自身の創造力がないと何も始まらないおもちゃと、テレビゲームのように次から次へと子どもに指示を与えてくれるおもちゃ。

おもちゃ研究家の先生から「面倒見の悪いおもちゃほどいいおもちゃ」という話を聞いたことがあります。おもちゃのほうからは何も動いてくれないおもちゃほど、子どもの想像力や創造力を刺激し、子どもの力を伸ばすというのです。

親の私たちだって、「おもちゃはおもちゃ屋さんで買うもの」や「喜ばせてくれるおもちゃほど面白いおもちゃだ」などと思い込んだりしていませんか？　親がそう思っていたら、子どもも間違いなく、そう思うでしょう。
「面白くないおもちゃなんてない。面白くないのは、そのひとが面白くないひとだから」ではないかと思います。創造力と遊び心さえあれば、どんなガラクタだっておもちゃになるはずです。

「パパ～、おもちゃ欲しい！」と言われたとき、「ダメ！　この前買ってあげたでしょ」と返すか、「いいよ！　ダンボールとペットボトルを持ってきな！」と返すかは、計り知れないほど大きな違いだと思います。

「ないものはつくればいい」の精神は、遊びやおもちゃだけでなく、いろんなことにもあてはまりますよね。
社会のしくみ、仕事、人間関係……ひとから与えられるのを待つのではなく、ないものはなんだってつくればいい。そう思えるひとになってほしいと思います。

怒られないおもちゃ　（チビ四歳　ヒメ一歳）

「またミニカー買ってきたの？（怒）」

僕がまだ会社勤めだったころ、チビへのおみやげにとミニカーを買ってくるたびにママに怒られた。

「もう、何台あると思ってるのよっ！（怒）」

「じゃあ、ミニカーじゃなくてラジコンならいいのかよ！」って、逆ギレしちゃったこともある。

最初は、自分でもどうして買ってしまうのか、わからなかった。

でも、あるとき、ふと気がついた。


毎日、毎日、ほとんど朝まで仕事でヘトヘト。

体も心も限界に近づいてくると、いちばんの栄養ドリンクはやっぱりチビの笑顔。

しかし、そんな生活では、チビの顔が見られるのは朝のほんの三〇分間くらい。

だから。

ほんの短い間だけでもいいから、チビの喜ぶ顔が見たくって……。

チビが喜ぶおみやげを買って、夜中に居間のテーブルの上に置いておく。

すると、朝、チビが起きたときにそれを発見して、「パパ、こんなものがあったよ！ ありがとう！」って僕を起こしに来る。

その笑顔のために、一台三六〇円のミニカーを買って帰ってたんだよね、きっと。

もちろん、忙しいときこそ、おもちゃ屋さんに行けるわけがない。

だから、たまたまおもちゃ屋さんの近くを通ったときに、ミニカーを買いだめしておいて、一台ずつプレゼントするワケ。

「何度も言ってるのに、なんでこんなにミニカー買ってくるの（怒・怒・怒）」

ママの詰問に、「ちょっとしかチビといられないから。少しでもチビの笑顔が見たくって……」と、やっと思いを伝える僕。

「で、でも、ちょっとそれが多すぎるわよ」と、ママはわずかに同情の表情を浮かべてくれた。

「わかった……」

それから、僕なりに考えた。

「手づくりのおもちゃならママも怒らないだろう！」

段ボールの箱の中にマジックで道を描いて、その上にお菓子の箱で交番や消防署をつくって、ミニカーで遊ぶ小さな街のできあがり！　そんなカンタンなものだけど。

「パパ、これ何？」

「こうやってミニカーで遊ぶんだよ」

「スゲー！　ここ消防署か！　じゃ、消防車入れよう！　郵便局はどこ？」

チビは、けなげにはしゃいでくれる。

こうして、自分を元気づけたいとき、僕はチビにおもちゃをつくるようになった。

いまは脱サラして時間もある。

週末に材料を買い込んで、気の向いたときにつくる。

いままでの自信作は、コリントゲーム。

パチンコの原型のようなやつ。

ビー玉が釘にはじかれるときの透きとおった音がたまらない。

最近の流行は武器シリーズ。

いちばん簡単なのは、孫悟空《そんごくう》の如意棒《にょいぼう》。

単なる丸棒にビニールテープを巻くだけだけど、西遊記《さいゆうき》ファンのチビにはたまらない。

「これがあればどんな鬼にも勝てる！」って毎晩枕元に置いて寝るほど。

ヌンチャクや弓矢もわれながらよくできた。

でも、武器シリーズはママがいい顔しない。

「パパに新しい剣つくってもらっちゃった！」と、チビがはしゃぐたびに、「お外には持って行っちゃダメよ」とママは釘を刺す。

お友達とふざけてケガをさせちゃったら大変だからってさ。

……お友達も欲しがったらつくってあげるのになぁ。


「パパはたまに帰ってきては、甘やかすだけ！」って怒るママ、たくさん知ってる。

でも、叱らないで、ちょっと観察してみて。

きっとそのパパは、子ども以上にしあわせそうな笑顔をしているはず。

パパが本当に甘やかしたいのは子どもではなくて、きっと自分自身。

「ストレス発散！」って飲んだくれて、帰ってこないパパよりはましでしょ（僕はそれもしょっちゅうだけど……）。

★ふりかえり

いま客観的に振り返ると、ママの言うとおり、ミニカー買いすぎでしたね。それくらい、当時の私は、忙しくて、病んでたということですね。会社辞めてよかった。ちなみに、いまではお酒もそんなに飲まなくなりました。

雨の日は工作教室（チビ五歳　ヒメ二歳）

「明日はゼッタイ、ボクの日だよ！」

休みの日を前にしてチビがパパに詰め寄る。

先週末に学生時代の付き合いがあって、パパがチビと遊べなかったことを根にもっているようだ。

「よし、わかった！　何して遊ぼう？」

「えぇっとーーー」

でも、明日って雨だよな。


「明日雨だぞ。外では遊べないよね」

「じゃあ、工作しよう！」

「それはいいね！」

チビは廃材工作が大好き。

たいしたものはつくれないけど。

「じゃあ、ヨーグルトのカップとか、トイレットペーパーの芯とか、集めておくね！」

「おぅ、頼んだぜ！」

…………。

「ゴミの日にぜんぶ捨てちゃったって！　パパ、どうする？」

「それじゃ、いつものあのお店に木を買いに行こう！」

僕はホームセンターを見るのが大好き。

用もないのによく遊びに行く。

その様子を見ていたママが「それなら、小鳥用の巣箱をつくったら？」なんて、無責任なことを言い出す。

巣箱ってつくったことないけど、結構難しそう。

しかも、チビがいるとまともにつくれなそう。


木工コーナーの片隅では半端な木片をタダ同然で売っている。

かまぼこ板みたいな木片をビニール袋に入るだけ詰め込んで三〇〇円。

激安スーパーで野菜とか、サンマとかを主婦たちがぎゅーぎゅーに詰め込んでいるのと同じ。


ま、そんなに欲張る必要はないのだけど、チビは大喜びで詰め込む、詰め込む。

「うぁ～、こんなに入ったよ！」

でも、これじゃ巣箱はつくれないな。どうしよう？


ということで、ペットコーナーへ。

あった、あった！　おあつらえ向きの小鳥の巣箱三〇〇円。

早々に手づくり巣箱はあきらめて、既製品をゲット！

ついでに、ママにはパパがつくったことにしちゃおうかな。

な～んてね。


「何つくろうか、チビ？」

「ロボットつくろうよ！」

「ロボットね！　そりゃ名案だ」


僕の日曜大工グッズを広げてチビとふたりで木工教室。

チビに釘を打たせたり、ノコギリを引かせたり、簡単なところは自分でやらせてみる。

本当はボンドで十分なんだけど、トンカチの使い方も教えたいからね。


そして、完成！「木人二八号」。

チビのリクエストで敵の怪獣までつくった。

どちらも、かなりかっこわるい。

チビはそれで満足だけど、僕はロボットのあまりのかっこわるさに不満が残るので、簡単なゲームをつくることにした。

かまぼこ板を箱形に組んだ中に真ちゅうの釘を一直線に打ち付けただけの簡単なもの。

この釘の間をジグザグにビー玉を転がして遊ぶ。

大人でもなかなか難しいイライラ系ゲーム。

「チビ、ゲームもつくったぞ！」

「わぁ～ぃ、やらせて！」

「ここにビー玉を通すんだぞ」

「よし！　うぅぅ……（汗）」

「ほら、そこ！　違うって！　そこでこっちに傾けて……」

「もう、イヤ！（爆）」

全然うまくいかなくて、ほんとにイライラ爆発しちゃった。

トンカチの使い方よりもまず忍耐を学ばせなければならないらしい。

★ふりかえり

手抜きばっかりしないで、数週間をかけて大作に挑戦しても良かったかなと思います。設計図を描いて、それに必要な材料を集めて、時間をかけて少しずつつくる体験も大切ですね。やっぱり、私は、その場限りなんだよなぁ。反省。

知育おもちゃ　（チビ六歳　ヒメ三歳）

最初は鮮やかな緑だった竹がだんだんと黒ずんできた。

「これでパパがおもちゃをつくってあげるよ」

「やったー！」

……という会話をしてからはや三カ月。

ゴールデンウイークに竹藪《たけやぶ》から太い竹を二本切り出して、仕事部屋に置いてあったのだ。

「パパ、いつ竹のおもちゃつくってくれるの？」

「ごめんな～、なかなか時間なくて」


「今日こそ竹でおもちゃをつくろう！」

「やったー！！！」


工具入れからノコギリを取り出し、竹を切る。

ギーコー、ギーコー……。

「うわぁ～、すご～い」

チビは何ができるのか楽しみにして目を丸くするが、なかなかまっすぐに切れない。

「あれ～？　ごめんね。パパ下手くそでまっすぐ切れないよ」

「じゃ、オレが押さえててあげるよ」

「サンキュー！　よし、もういちど」

親子で力を合わせてノコギリを引くが、やはり曲がってしまう。

「う～ん。こりゃノコギリが悪い！　竹用のを買いに行こう！」

ということで、作業を中断しホームセンターへ。

「よーし、まっすぐ切れたぞ!」

ニューノコギリをゲットして、ようやくまっすぐ竹を切れるようになった僕。

あとはひたすら竹を輪切りにしていく。


「オレにも切らせて!」

チビもノコギリに挑戦する。

もちろんまっすぐは切れないが、頑張って最後まで切り落とす。

「スゲーじゃん!」


輪切りをたくさんつくったら……もうおしまい!

僕がつくっていたのは竹の積み木。

さすがにぜんぶ丸いと面白くないから、いくつかは半分に割ってバリエーションを増やす。


「ほれ、何がつくれる?」

できたてほやほやの竹の積み木をチビに渡すとそれなりに考えて「お城!」とか言っ

てそれらしいものをつくっている。

チビはそのうち切り損じた竹の切れ端を並べてそこにビー玉を転がして入れる遊びを思いついた。

床にセロハンテープを貼って、そこに得点を書き込んで。

次に、節があって積み木にはならない切れ端は「カブトムシのエサ入れにしよう！」と言う。

名案だ。

さらに、僕が竹の切りくずを集めて捨てようとしていると、チビがその手を止めた。

「待って！　それちょうだい！」

「えっ？　何に使うの？」

「泥ダンゴにふりかけて、きなこもちにするの」

「そりゃ、面白いこと考えたねぇ！」

知育おもちゃだ！なんて思って竹の積み木をつくってみたけど、チビの創造力は積み木をつくったときに出た廃材をも利用し尽くしてみせた。

チビが小さなころから、僕はよくガラクタでおもちゃをつくってあげていた。

そのせいか、チビもよくガラクタでおもちゃをつくる。

ダンボールやお菓子の箱をセロハンテープでベタベタ貼り合わせて、クレヨンで色をつけただけのものだけど。

そういう発想をすること自体が僕にはうれしい。

絵の描き方や、ピアノを弾くことは技術として教えることができるけど、こういう発想力、創造力、ものの見方は単純に教えることはできない。

そういう力こそ、親が教えるべき力ではないかな。


やんちゃボウズだけど、ちゃんと成長しているじゃん。

感慨にふけりながらチビと遊んでいると、ママ登場！

「それ、あなたの仕事部屋に置いておいてくださいよ！」

とにらみをきかす。

「これ以上子ども部屋が散らかったら困ります！」

だって。

そ、そんな、ひどい。

せっかくつくったのに……。

仕事のはかどらない暑い夜。

パパはひとり寂しく仕事部屋で竹の積み木を積み上げている。

「知育、知育、創造力、ブッブッブッ……」

★ふりかえり
手間をかけた工作のほうが上等だと大人は思いがちなんですけど、こういうシンプルな工作もいいですね！　私、なかなかいい仕事もしていたんだなと、いまになってふりかえって思いました。

せ〜んろは続かな〜いよ〜♪　（チビ六歳　ヒメ三歳）

チビはパパの実家に置いてあるおもちゃの線路が大好き（うちには置く場所がないので、実家に行ったときだけ遊べる）。

頭の中で線路の設計図をつくりながら、立体交差だの、複線などをつくってみせる。

いまあるレールを駆使してありとあらゆるパターンをつくっている。

しかし、最近はより複雑なものをつくりたくなってきたらしい。


「ねぇ、パパ。これをこっちにつなげたらすごく面白いと思うんだけど、どうすればいい？」

「どれどれ。ふ～ん。残りのレールだけでは難しいな。カーブのレールがどうしても足りないな」

「そうなんだよ～」

「よし、カーブのレールだけ買いに行くか！」

「えっ、いいの？」


明らかに以前よりも次元の高い線路をつくろうとしている。

でも、そのためにはどうしても線路が不足している。

もっている材料でできることをして遊ぶというのが遊びの鉄則だけど、それが創造力の足かせになってしまってはかわいそうと考えた。

新しい電車が欲しいと言われてもNGだけど、レールならいいんじゃない？

たとえば、「ここに金色の鳥を描きたいんだけど、金色のクレヨンがないんだ」と言われたら、金色のクレヨンを買いに行くんじゃないかな？

だとしたら、プラレールでも足りない材料を追加するのはいいんじゃないの？という理屈。


「プラレールのレールを買いに行ってくるね！」

さわやかにママに言ったつもりが、

「なに？　また買うの？　あんなにあるのに？」

「だって、どうしてもカーブのレールが足りないんだもん」

僕がチビの代わりに食い下がる。

「あれだけあって足りないわけないでしょ（怒）」

「…………」

これ以上の対決はやめておこう。

トボトボとチビのもとへ。

「ママがダメだって……」

「え～～～～（悲）」

「パパが余計なこと言ったから欲しくなっちゃったよな。ゴメン」

「せっかくいいのがつくれると思ったのに〜（怒）」


パパは見たかった。

カーブのレールを数本追加するだけで、こんどはチビがどんなレールをつくるようになるのか。


創造力を刺激するためのおもちゃならタイミングを見計らったうえで、買ってもいいんじゃない？

いつでも欲しいときに買ってあげるんじゃ、そりゃよくないと思うけど、ちゃんとそのステージに達したときに買ってあげるならいいんじゃないかってこと。

そのためには子どもの遊びのレベルを常にちゃんと見極めていなければいけない。

そして、レベルアップの変化に気づかなければならない。


パパだって簡単におもちゃを買い与えるのはよくないと思ってる（いや、そこに説得力がないことは、わかっているんですけど）。

だから、極力廃材でおもちゃをつくったりして遊ぶようにしている。

でも今回は、「必要なとき」をパパなりに判断して提案したつもり。

それを、チビのレールづくりのレベルがどういうふうに変化しているのか、とか、パパがどう考えているのかを知りもしないで、「おもちゃを買うのは認めません」と言うのはいかがなものかと思った。


罪滅ぼしにと、段ボールでレールをつくってみることにした。

が、段ボールではちゃんとしたレールはなかなか作れない。

「ダメだ。うまくできないよ。ごめん」

でも、チビはやさしい。

「こうやって使えば大丈夫だよ」

ただの段ボールの切れ端を線路に見たてて遊んでくれた。


それを見たママが言う。

「そうやって自分で工夫するほうが、何でも買い与えるよりもよっぽどいいわよ」

そりゃそうだけど……。

★ふりかえり

いまになってこの文章を読んで思うのは、きっとこのときママもこういうリアクションをしてしまったことを後悔していたんじゃないかということ。よく考えないでいちど「ダメ」と言ってしまって、引くに引けなくなっていたんじゃないかってこと。いずれにしても、子どもが思考のステージを上げる瞬間ってある。そのときに必要な材料を与えるなどのサポートはやっぱりできる限りしたほうがいいと思う。

第七章　子どもはみんな学びの天才！

生まれてきてからまだ一〜二年しか経《た》っていない子どもが、言葉を話すようになって、自分の意思を伝えて、世の中とかかわりをもつって、考えてみたらものすごいことじゃないですか？　大人が教えてできるようになるわけではありません。

たった一〜二年で、どれだけ膨大な情報量を学んでいるんでしょうか。見るもの、聞くもの、触るもの、嗅ぐもの、舐《な》めるもの、すべてが学びです。

子どもには、生まれながらにして、自分の頭と体を鍛えるために必要なプログラムがインストールされているといわれています。

大人から見ると意味不明な遊びやいたずらは、すべて自分の頭と体を鍛えるためのプログラムだということです。

ある発達行動学の先生は、「赤ちゃんは自分ですべきことをするだけで忙しい。だから、大人があれをしろ、これをしろと言うようなことをするひまなんてない。逆に、赤ちゃんが何かをしたいと思っているときに、それにちゃんと付き合ってあげることのほうが大切である」と言っていました。

大人から見ると無意味ないたずらやおふざけをとおして、子どもは自分の脳を鍛えています。たとえるならば、脳の中にかゆいところがあって、そこを刺激するためにわざと泥んこ遊びをしたり、高いところから飛び降りたりするのです。それらの刺激が脳に伝わり、脳の発育を促すというのです。

ですから、危険なことは別として、むやみにいたずらやおふざけを抑制しないほうがいいでしょう。やんちゃも、年とともに落ち着くのだそうです。

つまり、子どもはみんな、学びの天才です。

賢い子に育てるには、運動神経を良くするには、コミュニケーション能力を高くするには……。

大人が先回りしてあれこれプログラムを用意するよりも、目の前の子どもがいま、何に興味を示して目を輝かせているのかをよく観察し、それを後押ししてあげることがもっとも効率が良い教育だということです。

とまってください　（チビ六歳　ヒメ三歳）

路地によくある「とまれ」の標識を見てチビがひと言。

「なんで命令するの？　〝とまってください〟ってお願いしなきゃいけないいんじゃないの？」

これには大爆笑！

「そうだよね。なんで命令してるんだろうね」

「ねぇ、パパ。なんで？」

「だってさ、〝とまってください〟ってぜんぶ書いたら長すぎて、読んでる間に通り過ぎちゃうでしょ」

「そっか！」

誰に似たのか、チビは命令されるのが大嫌い。

「こうしなさい！」と言われると、「やーだよ〜」と反抗してみたり、ああだこうだと言い訳してみたりする。

でも、「お願い、これしてくれると助かるな」と言われると、突然いいひとスイッチが入ってほいほい動く。


命令されるのは誰だって大嫌い。

「こうしなさい！」って言われるよりも「こうしてちょうだい」とか「こうしてほしいな」とか「こうしてみたら？」と言われるほうが素直に聞ける。


でも、親は子どもに命令ばかりしちゃう。

僕だってそう。


でも、チビがヒメに強い口調で命令していると、パパもママもチビを叱る。

「そんな言い方したら、ヒメが怖いでしょ」

すると、チビが悔しさを満面に表して抗議する。

「パパもママも同じように怒るじゃないか！」

たしかに。


「子どもは〝こうしなさい！〟と言われたことはしないけれど、〝こうしなさい！〟

という言い方はまねする」という主旨のことを、著名な心理学者は言った。

まさに、言い得て妙。

専門的にはモデリング理論という。


「なんでこの子は……（怒）」と思っているとき、子どもがしていることはたいていてい親のしていることのコピー。

自分が子どもに対して怒りを感じているとき、そっと自分の胸に手を当てればその怒りはたいていおさまる。

「悪いのは自分じゃん」と思い当たる節が必ずある。


しつけは必要。

でも、必要以上に子どもを責めるべきではない。

子どもは親のまねをしているだけなのだから。

そもそも責められるべきは親だから。


「そんなにジュースばっかり飲むんじゃない！」と注意すると、チビは「大人はビールたくさん飲むじゃないか」と文句を返す。

「おもちゃを片づけなさい！」と指図すると、チビは「パパの仕事場だって散らかってるじゃないか！」と指摘する。

「ヒメにそんなに怒るんじゃない！」ときょうだい喧嘩の間に入ると、チビは「パパだってボクに怒るじゃないか」とふてくされる。


どれも的を射ている。

仕事場と怒ることに関しては「そうだな。パパも気をつけるよ」で、チビをなだめることができるが、ビールだけは「一杯しか飲まない」とは約束できない。

「大人はビールを好きなだけ飲んでいいの。チビも大人になったら飲んでいいから、それまでは我慢」と、開き直る。


まともに受け止めていたら、たしかにムカつく。

でも、一理あると思ったら感心してあげるべきだと思う。


「間違いを指摘されたら素直に謝り、正す」

その姿勢を教えるには、親がたくさん間違えて、それをちゃんと認めることが重要だと思う。

★ふりかえり

子どものジュースと大人のビールの非対称性についてはいまだに明確な答えをもっていません。いまならお酒をあまり飲まなくなったので、「じゃあ、パパも一杯にするね」って言えますけど、そういう問題でもないような気がします。

耐えがたい誘惑（チビ五歳　ヒメ二歳）

雨上がりの通園路。

何度ダメと言っても、チビはゼッタイに水たまりを探して、選んでその中を歩く。長靴ならいいけれど、普通の運動靴で水たまりに入っていけば幼稚園に着くころには中までグショグショ。

毎度のように怒られても学習しないチビを見ていたら、ふと思い出した。

そういえば、パパも小さなころは必ず水たまりの中を歩いていたっけ。

「水たまりを踏みたいのを我慢して歩けるなんて、大人ってすごいなぁ」と、子ども心に思った記憶がある。

大人は子どもを見て、「なんであえて水たまりを歩くんだろう？」って首をかしげるけど、逆に子どもにとっては「水たまりがあるのになんで避《よ》けて通れるんだろう？」と大人の理性のほうが理解不可能なんだよね。

いつも、「コラ！　水たまりの中を歩くんじゃない！」って怒鳴っているパパもママも、思い出してみたらそんな記憶ありませんか？

少なくとも子どものころの僕にとって、水たまりに入るという行為は、どうにも抑えられない衝動だった。

「ダメ！　靴が汚れるでしょ！」というママの声が耳には届いても、体までは制御できない。

水たまりはまるで僕を吸い込むブラックホールだった。

子どもの発達についての本をいろいろ読んでいると「臨界期」という言葉を目にする。

子どもが成長するうえで、いろいろな能力を徐々に身につけていくわけだけれど、「この能力を身につけるにはいまの時期がいちばんいい」とか、「あの能力はもう少ししないと身につかない」なんていう、そういうベストタイミングのことらしい。

たとえば、子どもが手の触感を発達させているときには、ざらざらした物やぬめぬめした物をやたらと触る。泥んこ遊びもその訓練のひとつだと思う。


小さな子どもが部屋一面におもちゃをばらまいて、お片づけもせずに無秩序に遊び続けるのは、そうやって、自分と物との距離感をつかむ練習をしているからだという。

そこで親が無理やり片づけてしまうと、空間認知能力を養うべき臨界期を逃してしまうかもしれないというのだ。


そう考えると、水たまりも合点がいく。

水たまりができるような場所は道路の中でもくぼんでいたりして、歩きにくい。

あえてそういうところを通ることでバランス感覚を養っているのかもしれない。

もしくは、水たまりに飛び乗ったときにビジャッ！と跳ねる水の感覚を覚えているのかもしれない。

臨界期を過ぎれば自然にそういう行動はしなくなるという。しつけのために何度も「ダメ！」と言いながらイライラしてもしょうがなくて、臨界期が過ぎるのを待っていればいいだけの話らしい。

子どもにとって抗《あらが》いがたき衝動っていうのはどれも、それを実行することに何らかの意味があるのかもしれない。

もしかしたら、それをさせないと、臨界期を過ぎて必要な能力が得られないだけでなく、衝動だけがいつまでも満たされず、大人になっても心の奥底に残り、忘れたころに表出して、異常な偏愛行動や犯罪の引き金になることだってあるかもしれない。

おー、怖っ！って、脅かしすぎたかな？

とはいっても、せっかく買ってあげたばかりの靴をビショビショにされたり、泥んこ遊びをしているうちに自分自身が泥ダンゴ状態になっているチビを見て、「ったく！何度言ったらわかるの！（怒）」とキレてしまうのも、至極当然なリアクション。そこにヒーローを気取るパパが登場して「あのね、子どもの発達には、臨界期っていうのがあってね……」なんてにわか知識をぶらさげてチビをかばおうものなら、「あっち行ってて！」とばかりに蹴りをくらうことになるのも自然の理《ことわり》。

チビの臨界期とママのストレスの狭間《はざま》でベストな立ち位置を探さなければならない僕は、常に綱渡りのようなバランス感覚を要求されている。

そして、昨日も今日も僕は綱から落っこちて、連続落下記録を更新中だ。

★ふりかえり

臨界期って言葉は最近あまり聞かなくなりましたね。「もう手遅れ」みたいな文脈に利用されるといけないからでしょうね。ちなみにモンテッソーリ教育では、似た意味で、「敏感期」という言葉が使われます。子どもは自分のすべきトレーニングを本能的に知っていて、それは、それぞれの敏感期に応じた遊びという形で表れるということです。また、このエピソードに限らずですが、私がママよりも客観的なスタンスを保てているのは、やっぱり実際の子どもとの距離感の違いなんでしょうね。私もかなり子どもにべったりのパパだったと思いますが、それでもママのほうが圧倒的に距離が近かったということです。だからといって私がもっと子どもと近い距離にいるべきだったとは思っていなくて、性別は関係ないと思いますが、せっかく親が二人いるのなら、あえてちょっと距離感をずらすくらいのほうが、多角的に子どもを見る視点が得られていいのではないかと思います。それぞれの距離感にそれぞれの意味があると思います。

イチゴのプレゼント　（チビ四歳　ヒメ一歳）

花屋さんの軒先に輝く真っ赤なイチゴ。

「一株九〇〇円」。

長く伸びたツルの先には、すでに赤くなっているイチゴが一つ。

赤くはなっていないけれど、すでに結構大きくなってきているのが二つ。

家でイチゴを収穫してそのまま食べたら、チビのやつ、きっと喜ぶぞ！


「イチゴ一つください！」

今日はチビが起きているうちに帰って、驚く顔を見よっと！


夜八時近くになって、仕事が片づいた。

急いで帰らなきゃ！

電車じゃ間に合わない。

ようし！　タクシーだー！

かぼちゃの馬車に乗るシンデレラのように、もうハラハラ（汗）。

まだ九時前。間に合ったか？

カギを開けて家に入るが、チビやヒメの声がしない。

「あれっ？」

そぉーと、寝室をのぞくと、チビもヒメもママもＺｚｚｚｚｚ……。

クッソ～。


いまさら起こすわけにもいかないから、明日の朝だな。

せっかくだから、チビのクレヨンと画用紙を拝借してお手紙を書く。

翌朝、チビが起きてイチゴの苗を発見したときに、ひときわ感激するように。


「えーっ！　何コレ!?」

いちばんに起きてイチゴを発見したチビの歓喜の声。

やった！　作戦成功。

ただイチゴの苗があるだけでも感激しただろうけど、お手紙がさらに特別感を醸し出したはず。

まだ寝床にいる僕のそばにやってきて、「パパ、イチゴ買ってきてくれたの？　食べていい？」と、イチゴに負けないほど、キラキラ輝く目をするチビ。

「朝ごはん食べたらデザートにすれば？」と、僕は本当はすごくうれしいのに、わざと眠そうに言葉を返す。

われながら素敵なプレゼントをしちゃったな、なんて思って勝手に恥ずかしくなってしまって。


結局、チビが朝ごはんを食べ終わる前に家を出た僕は、チビがイチゴをほおばる現場を見逃した。

どうしても気になって、仕事の合間に家に電話。

「もしもし、パパですか？　ケロケーロ」と、ふざけて電話に出たチビ。

「チビ、イチゴ食べた？」

「うん」

「どうだった？　おいしかった？」

「うん、けっこうさっぱりしてて、うまかったよ」と、軽い返事。

「フツーのイチゴより甘くて、おいしかった！　パパありがとう！」とかさぁ、もっとないのかよ。

もいでしまえば、イチゴはイチゴか。

「ぜんぶ食べちゃったらどうなるの？」

次第に赤くなってきた第二、第三のイチゴの食べどきについて話しているとき、ついにチビが肝心の部分に気づいた！

「この白いお花がイチゴになるんだよ。まだまだたくさんイチゴがとれるよ！」

「えっ⁉　そうなの？」

パパ先生の理科の授業の始まり〜。

今日は「植物の受粉」についてお勉強しま〜す！

「こうやって、お花の真ん中をそーっとなでてあげると、こういうふうにだんだんイチゴの形になってきて、そのうち赤くなるんだ」

一つの株のなかで、都合良く生長段階にあるイチゴの実を一つずつ指さして、白い花が真っ赤なイチゴになっていくのを段階を追って説明する。

「ボクもやる！」

「いいよ。ココに黄色い粉があるから、それをこの真ん中につけるの。そーっとね」

小さな指がおっかなびっくり受粉のお手伝いをしている。


これが僕からチビへの初めての性教育ってか？

性教育は大げさだけど、イチゴの苗を買ってくる醍醐味は、そこにある。

イチゴをもいで食べることじゃなくて、花が受粉して実になって……という自然の神秘を目の当たりにすること。

僕も小さなころ、父親が買ってきたイチゴで、受粉して実ができることを知った。

そして、カブトムシを飼って、交尾という行為のあと卵を産むのだということを知った。

よし、今年の夏はカブトムシをつがいで飼うか⁉

って、詳しい説明はチビにはまだちょっと早いかな？

★ふりかえり

あまり意識していたわけではありませんが、チビは、ヒメ誕生の瞬間もその場にいましたし、花の受粉とか虫の交尾とかも知ってるし、わりと性教育的な要素には早くから接していたんですね。性教育って、そういう理科的なことだけじゃないんで、そこから先は家ではほんと難しいと思いますけど。

パパは英語教師　（チビ六歳　ヒメ三歳）

こう見えて、僕は英語教師でもある。

週三回、非常勤講師として小学校で英語を教えている。

僕が小学生のころ、英語なんてまったく習ってなかった。

中学一年生になって、〝This is a pen.〟から始めた、フツーの日本人。

留学経験もない。

でも、英語が好きだったから、英語を勉強する大学に行った。

そして、それなりに英会話もできるようになった。

「ねぇ、パパ、これ読んで！」

ヒメのお気に入りの絵本のひとつに、英語のアルファベットを覚えるための本がある。

「A is for an……?」とか聞くと、ヒメは元気良く「Apple!」と答える。

三歳児にとって、英語も日本語も覚えるのはカンタン！

あっという間に英単語を覚えてしまう。


ただ、音を丸覚えしているだけだけど、木琴の絵を見ながら「Xylophone!」なんて言っているのを聞くと、大概のひとは一瞬驚く。

「バイオリン」の発音も、「ゔぁいあり～ん」なんて、なんとなく英語っぽく発音するから、僕の弟は「英才教育だ！」なんて、それだけで感心しちゃう。

チビが三歳くらいのときにも、いくつか英語の絵本を読んであげた。

最初は日本語で訳したストーリーを読んであげて、それから、英語の本当の文章を読んであげると、意味はわかりながら英語を聞き流すことができる。

朝の子ども向け英語番組も良くできている。

ときどき、チビやヒメが難しい英語を口ずさんでいるから、「どこでそんな英語覚えたの？」と聞くと、テレビでやってたって、得意げに教えてくれる。

意味はさっぱりわかっちゃいないみたいだけど。


海外旅行に行ったとき、僕は意識的に英語を話すところをチビやヒメに見せた。

パパが英語を話せることは知っているから、特別驚きはしないけど、英語をより身近に感じてほしくって。

そして、「Hello!」や「Thank you!」だけでもいいからと、ふたりにも英会話をさせてみた。

チビは最初だけ照れていたけど、すぐに普通にあいさつをするようになった。

ヒメは常にチビのまねをする。

英語を教えることが目的じゃなくて、「言葉は違って当たり前、わからなくって当たり前、そのうえでどうやってコミュニケーションをとるのか」を自分で考えてほしいなと思って。

だから、こんどは英語圏ではない国に行って、同じことをしたいと思う。

そのためには僕がその国の言葉を予習しなきゃいけないけど（汗）。


答えはＮＯ。

英語教師をしていると、「自分の子どもはバイリンガルにするの？」とよく聞かれる。


別に英語なんて話せなくていいと思ってるし、本人が英語を話したいと思ったら、そのときに自分で勉強すればいつからでも間に合うと思ってるから。

小さなときに始めれば発音がキレイになるとか言うけれど、発音がキレイである必要も感じない。

元国連難民高等弁務官の緒方貞子《おがたさだこ》さんだって、世界的に有名な寿司《すし》職人のＮＯＢＵ（松久信幸《まつひさのぶゆき》）さんだって、英語の発音としては、あまりキレイではない。

でも、一流の国際人として通用しているんだから！

ましてや、小さなときから始めれば、苦労せずに英語をマスターできるなんて、まったくの幻想にすぎない。

これはプロとして断言できる。

バイリンガルに育った子どもとその親は、間違いなくそれ相応の時間と労力を費やしているんだよね。

それを楽しめるなら、いくらでもやればいい。

つらいと思うなら、無理する必要はない。

それだけのこと。


ただし、国際人としての意識はもってほしいなと思う。

言葉は違っても、家族を思うパパの気持ちはきっと同じ。

ママを大好きだと思う子どもたちの気持ちもきっと同じ。

楽しければ笑うし、悲しければ泣く。

言葉は違っても、どうにでも通じ合うことはできるし、友達にもなれる。

そういう感覚は伝えたい。

……むむっ、待てよ。

同じ屋根の下に住んでいてもなかなか通じ合えないパパとママを見ているチビとヒメには、説得力、ないか。

★ふりかえり

たまたまでしょうけれど、結果的にはチビもヒメも英語を好きにはなってくれましたね。

水泳記録会　（チビ五歳　ヒメ二歳）

「第三のコース！　おおたチビくん！」

チビが恥ずかしそうにおじぎする。

今日は年に一度行われるプール教室の記録会。

チビにとっては初めての参加。

二五メートルをクロールで泳ぐという。

ほんとかよ。


チビは一歳半くらいからプール教室に通っている。

三歳までは親子プール教室。

最初はママと行っていたけど、ママがヒメを身ごもってからは僕がいっしょにプールに通った。

まわりはママばかり。

最初は恥ずかしかったなぁ。


僕がちょっと目を離したすきに、背後でチビが勝手にプールに飛び込んでしまったこともあった。

僕が振り返ると、水中で僕を見つめ万歳しながら沈んでいくチビの姿。

まるで映画『タイタニック』のディカプリオ状態。

危なかったけど、今となっては笑える思い出。

四歳になってひとりでプールに入るクラスに変わった。

小さなころからプールには慣れているチビは年長さんたちばかりの班に入れられてしまった。

その中ではやはりいちばん泳げない。

記録会も本当ならまだまだ出場しない歳だけど、最年少（？）での参加となった。

「よーい、スタート！」

まわりがスタートするのを確認してから、チビも飛び込み台からジャンプ。

大きく手を回してクロールしてる。

しかし、バタ足がうまくない。

みるみるまわりの年長さんたちに差を広げられ、ビリっけつを独泳。

最後のほうはフォームも崩れ、おぼれるんじゃないかって状態で、それでもなんとか二五メートルを泳ぎ切った！

ビデオを撮りながら、チビの頑張る姿に目頭が熱くなった。

はっきりいって、チビが生まれたときよりも感動した。

おぼれそうになろうとも、ビリっけつになろうとも、チビが必死で頑張っている姿を見たのはこれが初めてかもしれない。

わが子がもがき、苦しみ、それでもあきらめない姿を見ることは、こんなにも親の胸をしめつけるものか！


パパにとっても強烈な体験だった。


しかし、一方で気になることもあった。

なんでも一番じゃないと気に入らないチビ。

ビリっけつになって落ち込むんじゃないかって。

ゴールして、プールサイドを歩いてくるチビに、ママが「よく頑張ったね～」と声をかける。

前日、チビと大喧嘩したママもあの姿には感動したに違いない。

次に僕がチビとハイタッチ。

大丈夫！　チビは落ち込んでなんかいなかった。

ずーっと前に、ママと意見が分かれたことがあった。

夏休みに、いつもとは違うプール教室の夏期特訓に参加したとき。

チビはいとも簡単に一八級に合格してしまった。

チビのお友達が何度も受けて失敗した一八級に一発で合格し、「オレ、すごいでしょ」と、得意げになっていた。

それを見たママが「このまま自信過剰になっちゃマズイ。もっと厳しい水泳教室に入れて挫折を味わわせるべきだ」と言い出したのだ。

僕は反対した。

「挫折なんて、そのうち勝手に味わうよ。そんなことまで親が用意してやることないんじゃないか。まだ五歳なのに」

「這《は》えば立て、立てば歩めの親心」とか「ライオンはわが子を崖から落とす」ってことばもあるけどさ。


今回の記録会の結果はチビにとっては生まれて初めての挫折かもしれない。

元気そうに見えるけど、きっと自分でもわかってる。

悔しい気持ちを抑えてる。


しかし、ビリっけつになったあと、プールサイドでは同じ教室のお友達を大きな声で応援するチビがいた。

「泳いでるとき、チビくんの声が聞こえた！」

ゴールしたそのお友達が僕に話してくれた。

自分の負けを受け入れ、それでも卑屈になることなく、友達を応援できてる。

やんちゃで、問題ばかり起こすけど、大事なところはちゃんと成長しているじゃん。

僕は安心した。

その日家族で食べた焼き肉は、格段においしく感じられた。

★ふりかえり

形勢不利ななかでわが子が必死にもがく姿を見るのは、親にとってはある意味拷問に近い。しかし人生はそれの連続。子どもたちにだって困難を乗り越える力が必ずある。それを信じてやる気持ちを親がもたなければいけないんだと思います。その気持ちがもてるかどうかの分かれ道は、親自身に、人生の数々の困難を乗り越える自信があるかどうかなんだと思います。これは、中学受験の親御さんたちの話をたくさん聞いて気づいたこと。

第八章

おシゴト・おカネを語ろう！

自分が働いているところを子どもに見せたことのあるパパはどれくらいいますか？　会社に子どもを連れて行くわけにはいかないし、なかなか難しいことですよね。「パパのおシゴトは会社に行くこと」「おカネは銀行からもらうもの」って思っている子どもは多いんじゃないでしょうか。

まだ子どもが小さなうちは、仕事のこととかお金のこととか、伝えるのはちょっと早いかなと思うかもしれません。しかし、会社員という働き方がこれほどまでに広まったのはこの戦後のこと。それまでは、親が家のまわりの畑で農作業をする姿や、家に併設された工房でものをつくる姿を、子どもたちは言葉も理解できない小さなころから間近に見ていたはずです。仕事の存在や毎日の糧の必要性がこれほどまでに子どもの生活から切り離された時代はなかったのではないでしょうか。

仕事とは何なのか、お金はどうして必要なのか。そういう難しい問題には私も答えられません。それらはもしかしたら言葉で表現できるものではないのかもしれません。でも、仕事をする姿勢、お金に対する態度は、ひとりの大人として子どもの前でも示していかなければいけないのではないかと思います。どんなに忙しいパパでも、いや忙しいパパこそ、それを伝えなければいけないのではないでしょうか。

自分が働いているところを直接見せてあげられないなら、たとえばお寿司屋さんの手仕事を見せてあげるのもいいでしょうし、商店街の八百屋さんの商売トークを聞かせてあげるのもいいでしょう。そういうパパ友がいたら、ぜひ社会科見学をさせてもらいましょう。

ただ漠然とお寿司を食べたり、野菜を買ったりするのではなく、彼らが仕事としてその場にいて、プロとして自分たちに接してくれていることをそれとなしに伝えるのです。そして、決してパパには彼らのまねはできないことや、パパだって誰にもまねのできない仕事をしていることも、なにげなく伝えてみてはどうでしょう。

ガテンだぜ　（チビ五歳　ヒメ二歳）

夏の終わりに造園業者さんが庭の手入れに来てくれた。

荒れ放題のわが家の庭を見かねて大家さんが手配してくれたのだ。

九月の台風の合間をぬって、親子二代（？）の庭師のおじさんが朝から仕事を始める。

「あっ、植木屋さんだ！　お庭で見てもいい？」と、チビは目を輝かせる。

砥石《といし》でカマを研ぐ作業、カマで草を刈る作業、脚立に乗って高い枝を切り落とす作業……。

一挙手一投足をじーっと観察する。

そして、少しでも役に立ちたいと思ったのか、落ちた枝をかき集めて袋に詰める作業をお手伝いする。

「いま危ないからこっち来ないでよ！」

おじさんに言われれば、ピタリと言うことを聞く。

休憩時間におじさんたちが水筒のお茶をおいしそうに飲んでいると、その傍らに腰かけて、あれやこれやと質問を投げかける。

「テントウムシ見つけたんだけど、エサになるアブラムシはどこにいるの？」

「う～ん、わかんないなぁ」

意外とシャイな職人さん。


しかし、作業も三日目になると、おじさんたちも打ち解けてくる。

「チビくんがお手伝いしてくれるから助かりますよ」

親方が冗談を言う。

チビはちょっと照れた顔。

調子に乗って、ホースで水をまくと、「あぁ、あぁ、ダメだよ！　まだそうじしなきゃいけないいんだからぁ」とおじさんに怒られる。

半袖半ズボンのチビは三日間でどれだけ蚊に刺されたろうか。

それでも一日中飽きることなく庭師のおじさんたちについて回っていた。

チビは昔から職人さんが大好き。

庭師、電気屋さん、工事現場のおじさんたち、お寿司屋さん……。

手に職をもったガテンなひとたちの作業をじーっと眺めてる。

ときどき、「おじさん、ボクもなんか手伝うよ！」と言って邪魔をする。

お寿司屋さんではお茶やしょうゆ皿を運ぼうとする。


職人さんは気難しいひとも多いから、僕も気を遣う。

「このひとはチビが近寄っていっても怒らないひとか？」

機嫌の悪い職人さんを怒らせると、こっちまで怒鳴られちゃいそうだから。

でも、できるだけ職人さんの所作はチビに見せてあげたいと思う。

僕にはできないプロのワザを生で見るのは貴重だ。


その後、しばらくしてチビと散歩をしていると、近くを庭師のおじさんたちの車が通った。

「チビ、植木屋さんだよ！」

「あっ！　ほんとだ！」

庭師のおじさんは車の中から僕らに気づき、手を振ってくれた。

「もう夕方なのにどこに行くのかな？」

「今日お仕事して切った枝を捨ててきた帰りじゃないかな？」

「枝ってどこに捨てるの？」

「よくは知らないけど、どこかに枝をまとめて燃やしてくれるところがあるんだよ。きっと」

「ふ〜ん」


自分のお庭での作業を観察するだけじゃなく、おじさんたちがいろんなところでお仕事してて、切り落とした枝はどこかに捨てなくちゃいけなくて、そうやって社会が成り立っているってことをチビは少しずつ学んでいる。学校で行く工場見学もいいけれど、職人さんの〝生活〟を知ることは何よりも社会勉強になると思う。


ヘミングウェイの代表作『老人と海』。

老いぼれた漁師のサンチャゴについてまわる少年。

あの少年が成長し、立派な漁師になるか、もしくはその気持ちを胸に別の職に就き、立派な人物になっていったであろう姿をあの小説のファンならみんな想像しただろう。

職人さんの指先に、チビがじーっと真剣な眼差《まなざ》しを向けるとき、その研ぎ澄まされたワザに〝美〟や〝神秘〟すら感じているんじゃないかと思う。

〝お金儲《かねもう》け〟という意味だけじゃない〝シゴト〟を感じる絶好のチャンス。

ということで、たまには〝回ってない〟お寿司屋さんに行こうかな？

★ふりかえり
義理の妹のお父さんが大工さんをやっていました。そのお父さんのことも、チビは大好きです。お父さんもチビのことを孫のようにかわいがってくれました。なんかあるんでしょうね、そういう系譜が。私も一応職人だし。

おシゴト体験　（チビ四歳　ヒメ一歳）

東京の豊洲《とよす》に職業体験型テーマパークというのができて話題になっている。

テーマパークもいいけれど、本当の会社に連れてってみようかな。

ということで、僕が日ごろお世話になっているいろんな会社にチビを連れて行ってみることにした。


まずやってきたのはデザイン会社。


「きゃー、かわいい!」

(もちろんお世辞です)

「お名前は?」

「おーた・チビ・です!」

「何歳?」

「四歳です!」

「しっかりしてるねー★」

フロアの女子たちからちやほやされている。

「よし、チビ。この会社でいちばん偉い、シャチョーにあいさつに行こう」

「シャチョーってひと?」

「そう」

（コン、コン）

社長室のドアをノックして中に入ると、超強面の社長が鎮座している。

そんな社長も実は娘さんにはデレデレのパパ。

「おー、おおたくん。上のお子さんかぁ。お名前は？」

「おーた・チビ・です！」

「何歳？」

「四歳です！」

「お忙しいところすみません。ハイ、それじゃ、シャチョーにありがとうございましたは？」

「ありがとうございました！」

社長室を出るとチビが僕に聞いた。

「ねえ、パパ、シャチョーはいちばんエライの？」

「そうだよ」

「シャチョーのおシゴトって何？」

「えぇっと……。いいこと聞くね」

フロアのみんなもクスクス笑い。

「あのね、みんながちゃーんとおシゴトしているか見てて、みんなにお金をくれるの」

「え？　シャチョーのおシゴトは二つだけ？」

フロア大爆笑！

「いやいや、たくさんあるおシゴトをぜーんぶ見てるんだよ。チビが今日、ちゃんと働いてるかな、とか」

「ボク、たっくさん働けるよ！　パパ、ボクのおシゴト何？」

「じゃあ、これ、コピーして！」

「うん、カンタン！」

コピー機のボタンだけ押させると、大満足。

「ほら、できたよ！」

「スゲーじゃん！　きっとシャチョーお金くれるよ」

次にやってきたのは出版社。

フロアに行くとまたもや女子が集まってくる。


「きゃー、かわいい！」

（もちろんお世辞です）

「お名前は？」

「おーた・チビ・です！」

「何歳？」

「四歳です！」

「しっかりしてるねー★」

どこの会社でもまったく同じ会話で始まるんだよね、不思議なことに。

そして、次の会社でも……。

「きゃー、かわいい！」

（もちろんお世辞です）

「お名前は？」

「おーた・チビ・です！　四歳です！」

「かわいい〜、聞いてもいないのに〝四歳です！〟って歳まで答えちゃって！」

キャハハハ！　お姉さん相手に先手を打つとは、なかなかいいぞ、チビ！

最後に僕の個人事務所に帰ってきた。

僕はこっそり封筒に五〇〇円玉を入れた。

「チビ！　そうそう、さっきシャチョーからチビのお給料預かったんだ。ほれ」

封筒を手渡すと。

「シャチョーがくれたの？　なんで？」

「今日、チビが頑張って働いていたのを見てたから。お仕事するとお金がもらえるの。知ってるでしょ」

「パパももらった？」

「パパももらったよ」

「へー」

ニヤニヤしながらポケットに五〇〇円玉をしまうチビ。

「パパ！　もっとおシゴトない？」

「よし、じゃあ、これコピーして！」

「オッケー！」


「ボクは、パパの会社がいちばんスキだな。だって、ここなら他に誰もいないから、パパはおシゴト頼まれなくて早く帰れるでしょ」

「そうか、そうだね。パパいつも遅いもんね」


それからチビは、毎朝のように僕に聞く。

「今日は遅い？」

「うん、遅くなりそうだな」

「ダメ！　今日はどこの会社に行くの？　他の会社には行かないで！　他の会社に行くとおシゴトいっぱい頼まれちゃうでしょ！」

「そういうわけにはいかないんだよ……」

あの真剣な抗議の表情を見ていると、「今日は飲み会だから」なんてほんとのことは言えなくなってしまう……。

★ふりかえり

コピーとって五〇〇円はあげすぎでしたねぇ。チビが何に使ったのかは覚えていませんが……。ちなみにフロアで女子ばっかり集まってくるのは、もともと女子ばっかりの職場だからです。私、中高は男子校でしたけど、大学は七割が女子の学部にいましたし、就職した編集部も七割女性でしたし、上司は女性でした。妻は職場の大先輩です。それも、いまの私の価値観に大きな影響を与えている気がします。

おこづかいはPriceless（チビ六歳　ヒメ三歳）

「ウルトラマンの怪獣の人形欲しいなぁ～」

ねだるでもなく、計画的に得ようとするでもなく、つぶやくチビを見て、「そろそろ、おこづかいやってみようかな？」と思った。

「パパのカメにエサをあげてくれたら五〇円あげるからさ。それでおこづかいを貯《た》めて欲しいものを買えば？」

怪獣のお人形は八四〇円だから、一回五〇円のお手伝いなら一七回お手伝いしなければいけないことになる。

カメのエサやりごときに五〇円は高すぎるが、頑張れば報酬がもらえて、それを貯めれば欲しいものにも手が届くってことを教えるためにはちょっと金額は高めでもいいかなと思っての設定。

だって、五円や一〇円じゃなかなか貯まらなくて、すぐイヤになっちゃうでしょ。最初は高めの設定でも、あとから設定を引き下げればいい。

ある程度年齢のいった子どもには通用しないけど、チビにはまだそれが通用する。

実際、テーブルのふきんかけをするときに「これやるからおこづかいちょうだい」と言うから「こんなことで、おこづかいはあげられないよ」と言い返すと「一円でもいいから」とチビは食い下がる。

「一円ならいいか」と一円をあげると、チビは大喜び。

「これでおこづかいが二五一円になった！」とか言いながらウルトラマンの貯金箱に一円玉を入れる。

一〇〇円も一円も変わらない。

報酬を得る喜びを味わっているらしい。

けなげなもんだ。


そうして例の怪獣は半月ほどで手に入れた。

生まれて初めて自分のおこづかい、いや、稼ぎで欲しいものを手にした。


それからチビは自分で仕事を見つけては報酬を得ようとする。

なかなかの商売人だ。


しかし、稼いだお金をなんでも好きに使えるようにはしていない。

お金を使うときにはパパかママに使い方を相談する。

それもルール。

「なんで、ボクのお金の使い方を自分で決めちゃいけないの？」

チビが不服そうに言う。

「なんでも欲しいものを買ってしまったのではお金はすぐになくなっちゃうんだ。本当に欲しいものは何かな？本当に必要なものは何かな？ってよーく考えてから使わなきゃいけないんだ。でも、それはとっても難しいことなんだ。大人でも間違えちゃう。たくさんお金をもっている大人が使い方を間違えちゃって住む家までなくしちゃうことだってあるんだぞ。パパやママだって間違えることがある。だから、チビはパパやママといっしょに少しずつお金の使い方を練習しなきゃいけないんだ。そのためのおこづかいなんだぞ」と、ちょっと難しいかなと思う説明をしてみた。

「そうか、それならわかった」

チビは素直に納得してくれた！


休日のお買い物のとき、チビが「ジュースを飲みたい」と言い出した。

「おうちに帰ってからお茶を飲もうよ」と説得するが、聞かない。

しまいには「自分のおこづかいで買うからいい！」と言い出した。

「そうやって、目の前の欲しいものをすぐに買っているとお金は貯まらないよ。あとでもっと大きなものが欲しくなったときに買えないんだよ。それでもいいならジュースを買いなさい」と、僕は話した。

チビはその日、ジュースを買った。

それは、パパと相談したうえで、チビが選んだお金の使い方。

「まったくしょーもないことにお金を使うなぁ」とは思いつつ、僕はその決断を尊重することにした。

そして、その直後にまたお手伝いをして稼いだお金を貯金箱に入れるとき、チビは言った。

「このお金は、また大きなお金が貯まるまで使わないようにしよう！」

チビは僕の伝えたかったことをちゃんと理解してくれていた。

パパが飼ってるカメのエサやり五〇円。
階段のそうじ地下一階から屋上まで五〇円。
リビングとダイニングのぞうきんがけ一〇〇円。
チビが僕の気持ちを理解してくれた喜び、Priceless！

一方僕は、飲みに行っては散財し、お金の使い方を間違え続けている。

★ふりかえり
おこづかいをいくらにするかは、小学生、中学生、高校生になっても難しい問題でした。いや、チビは何にも言わなかったんですけど、ヒメのほうが「おこづかいが足りない」って訴えて。おこづかいって、多すぎればお金の大切さを勘違いしちゃうし、少なすぎても何もできない無力感を覚えてしまうし。その子のその年齢なりの興味・関心・能力に応じて、ちょうどよく自己実現の手助けになるような額を渡すのが最も効果的なんだと思います。

チビは錬金術師（チビ五歳　ヒメ一二歳）

夏休み、ママの実家にお泊まりに行くと、近所のおじちゃんがカブトムシとクワガタをわんさかくれた。

全部で約五〇匹。

つい先日、都内の公園でやっとの思いで捕まえたカブトムシ二匹の希少価値は一気に暴落した。

東京に戻り、気を取り直して大きなアクリル水槽にごそっと入れると、カブトムシ＆クワガタランドのできあがり。

玄関先に置いて、近所の子どもたちがいつでも見られるようにしてあげた。

でも、僕は知っている。

チビはケチだから「みんなには見せない！」とかなんとか、意地悪を言うことを。

「これで、みんなにも見せてあげられるね！」と言うパパにチビがニヤッと微笑んだ。

おっ？　珍しく素直にみんなに見せる気になったのか？

「いいこと考えた！お友達が一回見るごとに一〇〇円もらおう！　そうすればお金がいっぱいになって、パパは働かなくていいじゃん！」

そう言って、部屋に戻ると「一回一〇〇円」とママに書いてもらった紙を持ってきて、アクリルケースに貼り付けた。

本気かよ、セコイな。

さらに、「このままじゃみんな集まらないから、この紙に〝カブトムシがたくさんいます〟って書いて」と、広告用の看板をつくって、家の前の路地に貼り付けた。

どこでどうやってそういう知恵をつけるものか？

それから数時間後、看板に気がついてまんまと呼び寄せられたお友達は、「一回一〇〇円」を見て見事にズッコケた。

ママのお友達の農家に遊びに行ったときのこと。

キュウリやナス、ナシやリンゴを収穫した。

カゴいっぱいの畑の恵みを手にして、チビが口にした言葉は、「これを売ればパパ働かなくていいんじゃない⁉」だった。

僕、そんなにいつも仕事したくないって言ってるかな？

ガラクタでおもちゃをつくったときも。

「オレ、たくさん面白いおもちゃつくれるから、家の前で売ろうよ」とまじめにパパに提案する。

仕事部屋にチビが遊びに来ると、「ちゃんとお仕事できないと、お金もらえなくなっちゃうんだよ！」なんて脅すもんだから、仕事やお金を稼ぐことに敏感になっているのかな。

あんまりなんでもお金に結びつけちゃうのも拝金主義的で良くないけど、「自分らしい仕事が見つからないから働かない」なんてあべこべなことを言うよりはいいことかなと思う。


仕事はつらくて、汚くて、神聖なもの。

最初から自分らしい仕事なんてあるわけない。

どんな仕事でも一生懸命やれば自分らしい仕事になる。

そんなことを伝えたい。

言葉ではなくて、日々の生活を通して。

父親としてチビに伝えたいことの中でもTOP3に入るくらい大事なこと。


「チビは大きくなったら何になりたいの？」

「ロケットの運転手」

「そりゃすごいな！」

しばらく間をおいて、チビがニヤニヤしながら続ける。

「でもね、本当にしたい仕事はロケットの運転手じゃなくて、別にあるんだ～」


「何、それ？」

「ナイショ！」

「教えてよ！」

「当ててごらん！」

チビはうれしそうに、パパの目をのぞき込む。


？？？？？？？？？？？？？？？


「そうか、わかった！　パパみたいに本をつくりたいんだろ！」

「ピンポーン！　パパといっしょに本をつくりたいんだ！」


泣かせることを言うじゃねぇか。

★ふりかえり
いまこれを読み返すと、このときのチビは、パパを楽させたいというよりは、もっとパパと遊びたかったんでしょうね。仕事を言い訳に子育てをサボっているのを見透かされていたってことですね。

第九章

子育ては気のもちよう！

ちょっと想像してみてください。

雑誌を見ていて、欲しいコートがあったとき、「ほら、こんな素敵なコートがあったんだけど、買っていいかな？」と配偶者に聞いたとします。リアクションが「何言ってるの？　この前も買ってたじゃん！」だったらカチンときてしまいますよね。

でも、「ああ、いいコートだね。きっと似合うだろうね。でも、今月はたしか厳しかったよね」と言われたら、「ああ、そうだよね」と、少しは納得しやすいのではないかと思います。

結論は同じでも、共感があるかないかの違いです。

大人同士だと、結構自然にできてたりします。

でも、親は子どもに対して、ついつい「できる」「できない」だけで返事をしてしまいがち。

子どもがわがままを言うとき、そのわがままをいちいち叶《かな》えてしまうようでは子どものためにはなりません。かといって、どうしてわがままを言いたい気持ちになっているのかを察してあげられなければ、子どもは欲求不満をため込むことになります。

「話を聞く」というと、「言いなりになる」ことだと思ってしまうひとがいるようですが、そうではありません。

子どものわがままを実現してしまうのではなく、わがままを言いたくなる気持ちを、根掘り葉掘り聞いてあげるのです。心の中にあるわがまま欲求の存在を認めてもらうだけで、満足することが多々あります。

果てしない人間の欲求を常に満たすことなんてできやしません。でも、ポイントさえ押さえれば、気持ちは案外ちょっとしたことで満たされます。

気持ちを十分に満たされて育った子どもは、果てしない欲求に人生を翻弄されることも少なくなるのではないかと思います。

何かを獲得したり、ひとに勝ったりしなくても、自分の気持ちが満たされることを知っているから。ひとの気持ちを満たすのに、お金もモノも必要ないことを知っているから。

チビはヒメのヒーローだ！　（チビ四歳　ヒメ一歳）

下の子ができると上の子がやきもちを焼くなんてことをよく聞くけれど、チビに関してはそれがなかった。

最初からかわいくてしょうがないみたい。

それはもしかして、チビがヒメの出産に立ち会ったからかもしれない。


「できたら、今回も立ち会ってほしい。できれば、チビにも立ち会ってほしい」

ヒメの出産を前にしてママがそう言った。


チビの出産のとき、ママは僕に立ち会ってほしいと言ったけど、僕はイヤだった。

見てはいけないもののような気がしていた。

結局、ぎりぎりまで背中をさすっていようと分娩《ぶんべん》室にいるときに、突然「さぁ、そろそろ生まれますよ！」なんて言われて、そんなときに「じゃあ、外に出てます」なんて言えなくて、結果的に立ち会ってしまった僕。

今回はもういいよ、と思っていたら、僕だけでなく、チビにも見せたいと言う。

ということは僕はチビの付き添いとしてその場にいなければならない。

僕は〝現場〟だけは見ないようにと、目を伏せていたけれど……。

「うわぁ～、血が出てきた！」

「あっ！　頭が出てきた」

「わぁ～い、生まれた～！！！！」

チビはわずか三歳半にして、一部始終を目撃してしまった。


まだヒメが生後六カ月くらいだったころ、ボクとチビとヒメでいっしょにお風呂に入っていると、お風呂場の外で物音がした。

とたんに、チビの顔色が変わる。

当時チビは「鬼」に異常な恐怖を感じていて「鬼がやってきたのでは？」と思っちゃったのだ。

僕が意地悪して「あっ！　鬼だ！　チビとヒメを守るためにパパがやっつけに行く！」とすごんでみせると、「パパ、勝てるの？」と不安そうなチビ。

「わからない……。負けちゃったらチビがヒメを守るんだぞ」なんて、強敵に立ち向かう仮面ライダーみたいな思いつめた表情をすると、チビは目を潤ませて、「行っちャダメ！」と僕の腕をつかむ。

オマエはライダーの恋人のヒロインか！とツッコミたくなる。

面白くって、さらに意地悪。

「じゃあ、ヒメを鬼にあげようよ。そうすればパパとチビは助かるんじゃない？」と言うと、「そんなのゼッタイ、ダメ！」と、もう泣きべそ。

それでも僕がヒメを連れて行こうとすると、チビは目に涙をためて、僕の前に仁王立ちする。

「ゼッタイ、通さない！」と、スッポンポンで。


「コラ！　ヒメ！　ちゃんとごはん食べなさい！」

食卓でのママの怒りの矛先が最近はだんだんヒメに向いてきた。

ヒメが一歳を過ぎて自己主張を始めたものだから、わが家の食卓はまるで戦場。

チビが相変わらず、余計な話ばかりしてなかなか食が進まず、ママがそれを叱っていると、その横でヒメがおみそ汁をブクブクぺーしてしまう。

ママのストレスは常に上限まで振り切れている。

「コラ！　ヒメーーーーー！　いい加減にしなさい！」とプッツン切れているママに、恐れ知らずのチビが諭すように、

「ママ。ヒメはまだ一歳で、なんで怒られてるのかわからないんだから、そんなに強く言っちゃダメ！」

なんともまっとうなことを言う。

「まだ一歳だからいろいろやりたくなっちゃうのはしょうがないの。どうしてヒメが遊んじゃうのか、ヒメの気持ちを考えてあげなきゃ」

恐ろしくまっとうなことを言う。

いったい誰のまねなんだろう？

隣で僕は笑いをこらえるのに精一杯。

「余計なこと言ってないであなたは早く自分のごはん食べなさい！」

ママのイライラはさらに危険な状態になる。


ヒメに対して、「守りたい！」という意識がこれだけ強いのは、誕生の瞬間を見ていたからなのかな？と思う一方で、一抹の不安もある。

女性の究極の姿を見てしまって、大丈夫なのかなって。

考えすぎ、かな？

★ふりかえり

幼くして出産シーンをもろに見たことの影響はよくわかりません。もしかしたら母親に対する畏敬の念になっているかもしれませんね。いまでは信じられないかもしれませんが、当時は立ち会い出産って少数派だったんです。ちなみに立ち会い出産といっても、夫の役割は手を握って背中をさすって妻を励ますことで、理科実験みたいに局部を見るわけではありません。さらにちなみに、ヒメの口が達者になってから、チビのこのやさしさはすっかりどこかへ行ってしまい、いつもいがみ合い、競い合うようになりましたとさ。

ニセブランド？（チビ六歳　ヒメ三歳）

ヒメがスプーンを使い始めたころ。

そのスプーンはお兄ちゃんのお下がりだった。

もともとは柄《え》の部分に何かの絵があったはずだけど、ママの毎日のゴシゴシ洗いのおかげですっかり真っ白な柄になっていた。

「●%※▼#$&?!（お兄ちゃんがもっているようなアニメのキャラクターがついたスプーンがいい！）」と当時のヒメは言葉にならない言葉で必死に訴えた。


「えっ？　アンパンマンのスプーンなんてないのよ、ゴメンね」と、ママ。

ないものはないし……。

でもさ、そんな当たり前の理屈も一歳か二歳のヒメにはわからない。

ひたすら駄々をこねるヒメ。

食事どころじゃない。

でも、子どもなら当然だよね。

キャラクターつきのスプーンのほうがいいに決まってる。

ごはんだっておいしく感じるに決まってる。

「何で食べてもいっしょよ」なんて大人の理屈を振りかざすのは残酷だ。


そこで僕は考えた。

「よし！　パパが絵を描いてあげよう」

パパは黒のマジックを取り出し、白い柄の部分にアンパンマンやらばいきんまんやらの絵を描いた。

ちなみにパパの絵はうまくない、が……。

「ほら、アンパンマンもばいきんまんもいるよ！」

僕がニセモノのキャラクタースプーンを見せるとヒメが泣くのをピタッとやめた。

うれしそうに笑いながらごはんを食べ始めるではないか！

ニセモノ（それも明らかにニセモノ）のスプーンを渡してごまかすことにちょっとした罪悪感を抱きつつも、同時にそれでも満足してくれるヒメの純粋さにちょっぴりウルッときてしまう。

「こんどそのスプーンが壊れたときには、金のスプーンでも銀のスプーンでも好きなのを買ってやるからな！」

僕は心の中で約束する。

そして、そのタフなスプーンはいまでも現役で活躍している。

もちろん、そのときに描いた絵は、ママのゴシゴシでとっくに消えてしまってるけど。

オムツ選びにもうるさいママ。

オムツはコレ！って決めてるメーカーがあった。

でも、あるとき旅先でいつものとは違うオムツを買うことを余儀なくされた。

そして、そのオムツにはヒメの大好きなキャラクターがついていた。

ヒメはその日からそのオムツのとりこになった。

そして、そのオムツがなくなったとき、また大騒ぎになった。


「あのオムツがい～い！」とヒメ。

「あれはもうないのよ」とママ。

「イヤだ～。じゃ、オムツはかない！！！！」

ヒメもゆずらない。


オロオロ（イライラ？）するママを見ていて、パパはスプーン事件を思い出した。


「そのオムツ、パパに貸してごらん！」

パパが油性マジックでオムツにキャラクターの絵を描く。

「ほら！」

ヒメはまたもやまんまとだまされて、大喜び！

さっさと自分でオムツをはくと、ご機嫌でみんなに見せびらかす。

それから、毎日パパはヒメのオムツに絵を描かなければならなくなったけど（笑）。

「ないものはないの！」というのは凝り固まった大人の考え方。

「ないものはつくればいい！」と、子どもには伝えたいよね。

そのためにはパパやママがその手本を見せなきゃね！


相手の気持ちに一〇〇パーセント応えることはできなくても、こちらができる一〇〇パーセントを出し切ることが大事。

大人同士でも同じでしょ。

一〇〇パーセントの回答はできないかもしれないけど、七〇パーセントくらいの希望には応えられるかもしれない。

その七〇パーセントのために精一杯のことをしてみせる気持ちが相手を一二〇パーセント満足させることもある。

子どもはいつもわがままやきかん坊のように振る舞うけど、そうやって親を試しているのかもしれない。

そして、親がそれにきちんと応えていれば、きっと子どもだって他人に対して同じようにできるようになるはず。

★ふりかえり

「あ、それでいいんだ！」っていう、目からウロコが落ちる経験は、子育てのなかでたくさんありますよね。そうやって、自分にこびりついてしまった固定観念を一つずつ引き剥がしていくことで、ひとは自由になっていくのだと思います。子どもは、親を自由にしてくれる、魔法使いなのかもしれません。

チビがいればダイジョーブ！　（チビ六歳　ヒメ三歳）

僕の父、つまりチビやヒメのじいちゃんがうちに遊びに来た。
いっしょに食事をして、一泊していってくれる。

チビとヒメは大喜びだ。

じいちゃんはチビが生まれる直前に大病をして、介護が必要な体になった。

普段は介護つきの施設に入居している。

お正月、誰かのお誕生日、クリスマスなどには外泊届けを出して、実家やわが家に宿泊する。

わが家に宿泊するとなると、まだまだ手のかかるチビやヒメの世話に加え、じいちゃんの介護が必要になるわけだから、僕もママもフル回転状態になる。

天気が良ければ、近くの公園までいっしょに散歩に行く。

その間にママはいろいろな家事をすませる。

僕一人で足下のおぼつかないじいちゃんとチビやヒメの面倒まで見るのは大変だ。

そこで、チビにお願いする。

「じいちゃんと手をつないでもらっていい？」

チビはこくりとうなずき、じいちゃんの手をとってゆっくり歩いてくれる。

「じいちゃん、疲れてない？　もうすぐベンチがあるからそこでひと休みしようか？」

「じいちゃん、ここ凸凹《でこぼこ》があるから気をつけてね」

……と、じいちゃんへの気遣いを忘れない。

チビがじいちゃんの手を引いていると、ヒメも「にいにと手をつなぎたい」と言い出す。

チビはじいちゃんとヒメの二人の手を引き、公園内を慎重に歩く。

本当は好きなところを駆け回り、木に登ったり、ハトを追っかけたりしたいはずなのに、まるで盲導犬のようにじいちゃんとヒメをガイドする。

「ヒメ、歩くのが速すぎる！　じいちゃんはゆっくりじゃないと歩けないんだから！」と、ヒメを制することも。

公園の遊具エリアに到着すると、じいちゃんはベンチに座ってひと休み。

その間、チビとヒメは自由に遊具で遊ぶ。

僕がじいちゃんとベンチに座っているときだった。

ジャングルジムのてっぺんでヒメが「たすけて〜」と僕を呼んだ。

体勢を崩し、身動きがとれなくなったんだ！

普段なら、僕がすかさず駆け寄るが、じいちゃんがいると、僕の反応も遅れる。

ヤバイ！


そのとき、チビが猿のようにジャングルジムを駆け上がり、片手でヒメを抱えた。

そして、そのまま片手でジャングルジムを下り始めた。

慎重に、慎重に……。

チビは無事、ヒメを地面に下ろした。

まるでレスキュー隊だ。


「チビ、ありがと！」

ヒメはウルトラマンを見るような目でチビを見上げる。

「チビ、かっこよかったぞ！」

チビが頼もしく、たくましく見える。

「ねぇ、パパ。家に帰ったら、じいちゃんとヒメを助けたことをママにちゃんと話してね！」と、ママへのアピールも忘れないところはチビらしい（笑）。

「今日はチビのおかげで、ほんと助かった。ありがとう！」

家に帰って、ママの前でチビをほめる。

「チビがじいちゃんの手を引いて歩いてくれたの？　しかもジャングルジムでヒメを助けたの？　チビ、すごいじゃ〜ん‼」

ママにギュ〜ッされるチビの顔はさっきとはうって変わって、まるで赤ちゃんのようだ。

家族のメンバーそれぞれに家族の中での役割がある。

パパもママもいて、「はしゃいでいい」と思えば、子どもははしゃぐ。

「ここではボクがしっかりしなきゃ」と思えば、子どもはそれなりに頑張る。

はしゃぐ子どもを見ると、親は「どうしてこうも幼いのかしら」と嘆くことが多いが、それは親の前で安心している証拠。

子どもが子どもらしくしているとき、親としてはもっと素直に喜んでもいいんじゃないかな？

ちなみに、わが家では、チビもヒメも、ママといるときはトラブルばっかり巻き起こすが、僕といるときはとってもいい子だ。

つまり、ママの前では安心してはしゃげるけど、僕しかいないと心配だってことかっ⁉

たしかに最近チビによく言われる。

「パパは、オレがいないと何にもできないからなっ。でも、オレがいればダイジョーブ！」

★ふりかえり

その後、じいちゃんは施設を出て、うちでいっしょに暮らすことになりました。

ここに書かれていることが毎日になりました。それはそれは大変でした。三年半で私はギブアップして、じいちゃんにはまた施設に入ってもらいました。そのへんのことは「あとがき」に書きますね。

ヒメのワナ　（チビ六歳　ヒメ三歳）

チビが並べた積み木を、ヒメがこっそり崩す。

戻ってきたチビが激怒する。

「ヒメ〜！　壊したな〜〜〜！」

わなわなと怒りに燃えるチビを横目に、「やってないよ〜」と、すまし顔のヒメ。


その態度にまたもやチビは激昂《げきこう》し、怒りの一撃をヒメに見舞う！

「ギャ〜！　チビにやられた〜（泣）」

ヒメが泣きべそをかいてパパやママに助けを求めると、結局チビが怒られる。


「だって、ヒメがやるから〜（泣）」

チビは悔しさと悲しさにうちひしがれる。


ヒメがしくんだ巧妙なワナ。

チビは毎回まんまとひっかかる。

チビがつくった折り紙をくしゃくしゃにしていることもある。
チビがつなげたおもちゃの線路を崩していることもある。
まさにヒメ怪獣。

すったもんだの挙げ句、最後に手を出して怒られるのはチビ。
ヒメは目に涙をためながらも、「チビなんてだいっきら～い」と言って、最後にはほくそ笑む。

ヒメは、退屈しのぎにチビをからかっているのではないかとすら思う。
恐ろしや……。

嫌がらせをされたからって手を出してしまうのはたしかに良くない。
でも、ここまでくると正当防衛って部分もあるんじゃないの？
決して暴力を肯定するつもりはない。

でも、暴力って物理的に叩くとか、蹴るとかだけじゃないと思う。


文字通り、暴言とは言葉による暴力。

相手を無視するというのは態度の暴力。

そういう暴力に対して、チビのような子どもは正しく対処できない。


つまり、物理的な暴力だけが厳しく取り締まられていて、言葉や態度による暴力が見過ごされていることが多すぎるんじゃないかって。

ヒメとチビの攻防を見ていると、そう思わずにはいられないんだよね。


しかし、ついに流血の事件が起きた。

ママから電話が入り、チビが派手にケガをしたから念のため病院に連れて行くという。

家に戻って、傷口を見ると、左手の親指の先の肉が、小豆くらいの大きさにえぐれている。

最初は大泣きしたらしいけど、僕が見たときにはケロッとしてた。

事情を聞くと、ヒメがピーラーで居間の柱を削っていたから注意しようとしたら、ヒメがそのままピーラーでチビを叩いたというのだ。


こんどはヒメに聞く。

「なんでチビはケガしたの？」

「チビが自分で転んだの（笑）」と、すっとぼける。

たいした度胸だ（感心してる場合か！）。


「まったく大変だったね。悪いことばかりするから、ヒメをよそのおうちにあげちゃおうか？」と聞くと、「ダメだよ」と、チビ。

「だって、ヒメのせいでケガしたんでしょ？　アイツ全然反省してないよ」と言うと、

「一応ゴメンって言ってたからもういいかなと思って」と、珍しく大人なチビ。

いつものように仕返ししてやろうなんて思ってない。

みんなが自分に同情していることが十分にわかっていて、安心しているからこそ大きく構えていられるんだよね。

仕返しの連鎖を食い止めるには、お互いの気持ちを理解して共感してあげるしかない。

でも、言葉の暴力や態度の暴力は、やられた本人でないとその悔しさがわからないからタチが悪い。

まわりからの共感が得られないと、人間はやり場のない怒りを抑えきれず、仕返ししてしまう。


腕力で仕返しするのはそりゃ悪い。

でも、その悪い部分だけを叱るのではなくて、悔しさをちゃんと受け止めてあげるべきなんだよね。

「そーか、そーか。それは悔しかったね。その気持ちはわかるなぁ～」って。

それで気が収まったタイミングを見計らって、「でもね……」って諭せばいい。


一方、流血事件のあともまったく反省する様子のないヒメに対しては、パパもママもどうしたものかと頭を抱える毎日だ。

★ふりかえり

たぶん、ヒメが持っているピーラーを取り上げようとしてくれたんでしょうね。で、指の先を削られちゃった。いま思い出してもゾッとする事件ですね。チビもさぞやショックを受けたことだと思います。いまでもチビの指先にはこのときの痕跡が残っています。

怒鳴って、泣いて、いたわって……　（チビ五歳　ヒメ二歳）

ちょっと飲み過ぎて寝坊した朝。

「そろそろ幼稚園に連れてく時間だ。起きなきゃ」と、寝室を出ると、まだチビは朝ごはんを食べている。

ダラダラと。

「だっておなかがヘンなんだもん」とかなんとか、文句を言いながら。

食器洗いやら洗濯やら、朝から大忙しのママがついにキレる。

「そんなんだったら幼稚園に行ってもしょうがない！　今日はお休みして寝てなさい

っ！」

チビはちょっとびっくりしたようだが、いつものように食い下がろうとはしない。

本当に体調が悪いのかもしれない。


チビが三歳前後のころは、毎日だった。

朝の大戦争。

『エイリアンvs.プレデター』も真っ青の、怒鳴り合い、叫び声、悲鳴……。

あのころに比べればわが家の朝もだいぶ落ち着いたもんだ。

なんて、余裕をかましていると、ママが本当に幼稚園にお休みの電話をした。

「はい、おなかが痛いんだったらパジャマに着替え直してベッドで寝てなさい！」

チビを追いつめる。


「ねぇ、パパ。ベッドから出ちゃいけないってママが言うから、ベッドに来ていっしょに遊んで」

いちど着た服を脱ぎ、パジャマに着替え、ウルトラマンカードを持って寝室に上がる。

パパも付き合う。

ヒメもついてくる。

まず、カード遊びに飽きたパパが「お仕事」と言いながら、その場を離れる。

そのうち、ふたりも寝室を脱出し、いつの間にやら居間で戦隊ヒーローもののビデオを見ていた。

そのまま一日ダラダラ。

さすがにママも、それ以上は口うるさいことを言っていないようだが、どうも表情が暗い。

「どうしたの？」

パパがおそるおそる聞くと、ママも体調が悪いらしい。

そうだったのね。

そろそろ夕飯という時刻だが、ママは居間のソファで横になっている。

まわりではチビとヒメが、かいがいしく看病している。

「ママ、このまくら使って」

「ママ、ベッドからおふとん持ってきたよ」

「ハイ、熱さまシート」

チビは、いつもは余計なことをしてひとに迷惑ばかりかけているのだけれど、困っているひとを見つけると、とたんに「いいひと」スイッチが入る。

「ママ、ごはんはボクたちでつくって食べるから、上で寝ていていいよ」

朝、こっぴどく怒られて、一日軟禁されていたとは思えない、天使のような表情でママを見送る。

「よーし、みんなでごはんの支度しよう！」

一人足りない食卓では、むしろチビもヒメもダラダラしない。

自分が役に立たなきゃ、しっかりしなきゃ、って思いがあるんだと思う。

「チビ、ヒメ。さっきはママにやさしくしてあげて偉かったね。ごはんの支度まで手伝ってくれちゃって、助かったよ！」

ほめちぎるパパに、調子に乗ったチビが言う。

「オレたちもうママがいなくても大丈夫だよね！」

……それは違う。

「ったく、こんちくしょ～」

なんて思っているやつに、ふいにやさしくされると、これまでの自分がすごく恥ずかしくなる。

こういう瞬間に、人間は少しずつ成長しているんだと思う。

ママもその日ばかりはチビの懐の深さにジーンときちゃったことだろう。


親子は、怒鳴り合って、泣き合って、喧嘩して。

それでも、べったり寄り添って。

親子だからこそ、お互いの感情をむき出しにして、ぶつかり合える。

そんなドタバタ劇こそ、子どもにとっても親にとってもかけがえのない成長のチャンス。

どんどんやればいい。

★ふりかえり

やっぱり、ぶつかるべきときにぶつかるって、とても大切なことだと思います。

傷つけ合いたくないからと、自分の中に不満をため込むことは、「相手には自分の不満を受け止める能力がない」って、相手のことを見くびっていることと同じですからね。はっきりと思いを伝えて、最初はムッとされても最後にはきっと折り合えるという信頼関係があると、家族は最強のチームになれます。そうなるためにはやっぱりたくさんぶつかり合うしかないんだと思います。大切なのは、ムカついても絶対に逃げないことです。

第一〇章

ライフスタイルは自由自在！

いつも家族の存在を近くに感じながら働けることには、とてつもない安心感がありま す。特に子どもが小さいころには。

一方で、在宅勤務なら子どもの世話をしながら仕事ができるだろというのは間違いで す。在宅勤務者は保育の必要性を認められず、保育園に預けにくいともいわれていますが、まったくナンセンスです。

たとえ自宅でできる業務であったとしても、近くに幼い子どもがいたら、まるで仕事になりません。そんな環境でも無理に仕事をしようとすると、悪気なく邪魔をする子どものことが憎たらしく思えてきて、本末転倒になります（コロナ禍のリモートワークで多くのひとが経験したと思います）。

当然ながら、誰もが在宅勤務できるわけではありません。さらに、夜中のお仕事もあるでしょうし、週末のお仕事もあるでしょうし、単身赴任というケースもあるでしょう。また、観光業をしていれば、夏休みに家族旅行なんてできませんよね。

でもそういう親子には、だからこそ育まれる親子のかたちがあるのだと思います。理想の家族像に自分たちを当てはめるのではなく、自分たちのライフスタイルだからこそできる楽しくてしあわせな親子のかたちを模索することにこそ、「世界に一つだけの家族」の醍醐味があるのでしょう。

仕事と育児の両立は、子育て世代の最大のテーマです。

でも考えてみてください。動物だって植物だって、その一生は、次世代に命をつなぐために最適化されています。それが生物としての宿命です。次世代に命をつなぐために、日々の糧を求めてさまようのが、仕事です。仕事は手段であって目的ではありません。

それなのに、現在の社会では、育児よりも仕事のほうが上等な営みであるかのような錯覚が横行しています。育児は仕事の合間を縫って行うべきことであるかのように、多くのひとが思い込まされています。本末転倒です。

その不自然さに、社会はもっと自覚的になる必要があると思います。

ママがダウンで非常事態（チビ四歳　ヒメ一歳）

仕事中にママからメール。

「チビが発熱。三九度」

翌朝、ママが幼稚園にお休みの連絡をすると、すでに四人がインフルエンザでお休みだとのこと。

「マジ⁉」

家の中を衝撃が走る。

小児科に行くと一五分でインフルエンザ確定！

今日はチビが生まれて初めてインフルエンザにかかった。

だから、インフルエンザ記念日。


熱の割りには元気なチビ。

だからこそタチが悪い。

そこいらじゅうで咳《せき》をして、ウィルスをまき散らす。

ヒメに感染したらそれこそ大変！　ということを気にしていたら、事態は最悪の方向へ。

チビの熱もおさまって幼稚園の登園許可をもらった日、ちょっと安心して、夜遅くまでお酒を飲んで、家に帰るとママが体温計をくわえてる。

「熱でもあるの？」

「うん、三八・三度」

ひぇ～、ママもインフルエンザかよ！

これは史上最悪の我家的非常事態！

翌朝、チビとヒメが起きると、まずお着替えさせて、一応朝ごはん食べさせなきゃと思って、コーンフレークに牛乳を入れる。

今日からチビは幼稚園再開でお弁当が必要。

お弁当なんて僕は一回もつくったことがない。

「よし、焼きそば弁当だ！」

焼きそばをつくってそれを弁当箱に詰めるだけ。

まぁ、上出来でしょ。

「ウマそうだろ！　チビ」

「本当だ！」

本当か？

気分は『クレイマー、クレイマー』のダスティン・ホフマン。

そんな状況は実はちょっと楽しい♪


しかし、ことはそううまくは運ばない。

チビを幼稚園に連れて行ったら、ヒメは臨時で託児所に預かってもらおうともくろんでいたのだが、連絡をすると人手不足とやらでＮＧ！

そんな……（涙）。


こうなったら、やむを得ない。最後の手段だ。


チビとヒメといっしょに僕が家にいても、何の役にも立たない。

僕ができる最低にして、最高のことは、チビとヒメを連れ出すこと。

チビには幼稚園をお休みしてもらって、焼きそば弁当はママのお昼として冷蔵庫にしまう。

「とりあえず事務所に行って、それからババのところに避難するよ」

「もう少し休んだら病院行ってみる。悪いわねぇ」とママ。

「大丈夫！　ゆっくり休みな」


どうせ仕事にならないことは覚悟しながらも、とりあえず事務所へ。

最低限のメールのチェックなどをしていると、傍らでチビもヒメもそれなりにゴキゲン。

まるで今日が特別なイベントみたいに思ってる。

あれ？　静かだな。

振り返ると、ふたり仲良く冷蔵庫の前に正座してチョコレートを盗み食い。

いつもなら「コラー！」ってなるところだけど、今日はなにしろ非常事態。

チョコでもガムでも黙っててくれるなら食べ放題じゃ！

お昼前には、事務所を出て僕の実家に移動。

いい加減、本当に仕事しないとマズイ！

簡単にお昼をすませ、ババにチビとヒメを託して、僕は妹の部屋で仕事にとりかかる。

が、一〇分おきにチビとヒメが「パパ、パパ」と遊びに来る。

こりゃダメだ。原稿はたまりまくってるっちゅーのに、もぅ（怒）！

……とイライラ最高潮でいると、ママから電話。

「病院に行ったけどインフルエンザじゃないって」

「良かった～！」

ザ・不幸中の幸い。

夜になって、タクシーに乗って、ママも僕の実家にやってきた。

まともに動けるような状態じゃないけど、ヒメやチビにとってみれば近くにいてくれるだけで安心感が全然違う。

あっ、一番ほっとしたのは、僕か？

ということで、三人が寝てから僕はやっと仕事を再開。

ふー、朝までコースだな……。

いままでにも何度かあったけど、ママが倒れるとわが家はもうどうにもならない。

つまり、普段からわが家は子どもが三人状態。

そりゃ、ママもたまには倒れたくなるよな。

★ふりかえり

ほんと、使い物にならないダメパパですね。子どもと遊んでおいしいとこどりしているだけのパパでした。

通勤〇秒生活　（チビ五歳　ヒメ二歳）

「これからはここがパパの会社だぞ」

「えっ？　もう遠くの会社に行かなくていいの？」

「そうだよ」

「やったー！　これからは毎日遊べるね」

「遊ぶんじゃないよ。仕事するの。でも、何かあったらすぐ横にいるから安心でしょ」


……と、僕が仕事場を自宅に移して約半年がたった。

会社員時代、何度も何度もママに怒られた。

「何時に帰るとか、遅くなるとか、どうしてそういう連絡をしてくれないの！」

ある日、自分の素直な気持ちに気がついた。

「だって、仕事の途中で家のこと思い出して、電話して、チビの声なんて聞いちゃうと、仕事なんてどうでもよくなって帰りたくなっちゃうんだもん」


「あぁ、今日も朝までコースだなぁ」

ブルーな気持ちでデスクでカシャカシャ……。

ただでさえブルーなのに、家のことを思い出し、帰れないんだと思うとなおさらブルーになる。

だから仕事中は家のことを極力考えないようにしていた。

遅くなったついでに、一杯飲むか！と、さらに帰るのが遅くなってしまうパターンもかなり多かったのは認めるが。


これからは通勤時間〇秒。

三度のメシも家族といっしょに食べられる。

終電を気にせずに仕事して、眠くなったらすぐ眠れる。

仕事中、思ったよりも隣の部屋の家族のことも気にならない。

きっと近くにいることでいつも安心できるから。


ママにもメリットがある。

たとえば、雨の日にヒメを連れてチビの幼稚園の送り迎えは大変。

そういうときはヒメを仕事場で勝手に遊ばせておく。

ちょっと買い物なんて場合も、僕の仕事場が一時的な託児所になる。

それから、僕が飲みに行く回数が激減したこと（メリット？）。


デメリットは、頻繁にチビやヒメの襲撃を受けること。

一応、仕事部屋は気軽に遊びに行ってはいけないところということはわかっているらしい。

だから、「パパ、ちょっと困ったことがあるんだけど、聞いてくれる？」なんて、控えめなことを言いながらチビが部屋に入ってくる。

そうこられると、こちらもついつい仕事を中断してしまう。

しかし、その点は僕も僕でズルイ。

仕事に余裕があるときは、ちょいちょい居間に行って、チビやヒメと遊んで気分転換。散歩に誘ったりもしちゃう。

でも、余裕がないときは、ちょっと部屋に遊びに来ただけで、「いま、忙しいからぁっち行ってなさい！」って怒鳴り散らしてしまう。

逆に、ママのストレスが頂点に達しているとき、パパの仕事場がチビたちの逃げ場になる。

実はこれがいちばんのメリットかと思う。


だって、昔はそうだった。

仕事と家は切っても切り離せなかったはず。

職人の仕事場は家にあった。

農家は家のまわりの畑で仕事をしていた。

子どもは、家であり仕事場でもある空間で育っていた。

オカンに怒られたらじいちゃんやばあちゃんのところに逃げ込んだり、隣のお家に遊びに行っちゃったりできたはず。

でも、現代の核家族では、怒られたらずっと怒られっぱなし。

逃げ場がない。


仕事のシーンでは、「やはり、面と向かって話をしないと」などと言う意見があり、それはもっともなのだけど。

その代わりに、家族とのやりとりがメールや電話だけになってしまうのはもっとおかしいんじゃないの？


都心に通勤しながら、家は育児に良い環境をと思うと、通勤時間に毎日往復二時間も三時間も費やすことになる。

一年に換算すると、何十日という時間を通勤に費やす計算だ。

その時間と体力を温存できたら、生産性もクオリティ・オブ・ライフも上がるんじゃないかな？


これからのユビキタス社会。

在宅勤務という働き方が広まることが、日本の家族を救うんじゃないかって気がする。

★ふりかえり

　コロナ禍で多くのひとが在宅勤務を経験し、この話は身に沁《し》みてわかるんじゃないかと思います。スカイプとかが登場したころから、ずっと思ってたんです。「これで仕事中でも家族とビデオ通話できる」みたいに言われていたんですけど、「逆じゃない？」って。「これで家にいながら仕事ができる」ってなんで考えないのかな？って。それがコロナ禍で、一般的になりましたね。ずっと家にいるのも難しい部分がありますから、出勤と在宅をうまく組み合わせられるようだと子育てもしやすくなるのではないでしょうか。それにしても、このときは妻がまだ専業主婦だったので、自分が家にいても、家事については甘えっぱなしでした。

Don’t Disturb　（チビ六歳　ヒメ三歳）

「あれ、ふせんどこだ？」

デスクの上にあったはずのふせんがない。

う～、ささいなことではあるけれど、忙しいときにはイライラするなぁ。

ヒメかチビの仕業に間違いない。


チビとヒメに聞くけど、どちらも「知らないよ～」と言う。

しかし、どちらも声のトーンが少しおかしい。

やはり、あいつら知ってるなっ。


数分後、チビはふせん片手に戻ってきた。

「ヒメがさっき二階で遊んでたから」

ヒメの単独犯行なのか、実はチビも共犯なのかはわからない。

けど、戻ってきたからよしとするか。


ママに怒られただの、きょうだい喧嘩しただので、泣きながら仕事部屋にやってくることもしょっちゅう。

威厳のかけらもないパパの仕事部屋はまるで聖域ではない。

仕事部屋にカギはない。

カギをつけたところで、ドンドンとドアを叩かれて、邪魔されることに変わりはない。

本当に邪魔してほしくないときと、ちょっとならお話しできるときがわかるようにならないものか。

そこで僕は、ホテルの〝Don't Disturb（じゃましないでください）〟の札を思いついた。

どうしても部屋に入ってはいけないときは、ドアノブに〝Don't Disturb〟の札を下げておけばいいのだ。


さっそく雑貨屋さんでぴったりの札をゲット！

家に帰るとチビとヒメを呼んで説明する。

「これは〝じゃましないでください〟って意味なんだ。これがここにぶら下がってるときは、どんなに悲しくても、怒ってても入っちゃダメだ」

「じゃ、これがないときはいいの？」

「これがないときも仕事中は入っちゃいけないんだけど、ちょっとなら大丈夫なときもあるから入る前にパパに聞けばいい。でも、これがあるときはドアを開けることもダメ～！」

それ以降、札がぶら下がっていないと、「いまはいいんだよね～」と、堂々と仕事部屋に遊びに来るようになってしまった。

作戦失敗（涙）。

特に夕食以降は仕事にならない。

ごはんがなかなか食べられなくてママに叱られて、しょうがないからぜんぶ食べるまでいっしょにいてあげたり、お風呂の順番で喧嘩をするのを仲裁したり……。お風呂に入って、はみがきして、絵本を読んだり、添い寝をしたり……。ひととおりがすんでから、「さて、仕事を再開するか！」という気にはとてもなれない。ヘトヘトだもん。

そこで、僕は夕食以降は仕事しないことにした。

ごはんを食べながら、ちょっと一杯飲んで、子どもたちといっしょにお風呂に入って、子どもたちといっしょに寝る！

その代わり、朝は五時には起きて、すぐに仕事を始める！

朝五時から仕事を始めればお昼の一時には八時間仕事をしたことになる。

時間としては、九時～五時で仕事するのと同じことだ。

朝は夜に比べて子どもたちの襲撃も少ない。

頭も良く働く。


これが僕には合っていた。

この生活スタイルにしてから仕事がはかどるようになった。

うるさいチビやヒメのおかげで、理想的なライフスタイルが完成したわけだ。


このごろチビは知恵をつけ、何か話したいときでも、僕が本当に忙しそうにしていれば、気をつかってそそくさと部屋を出て行く。

しかし、ヒメはそれがわからない。

どうしようもないときは、僕もキーッとなって、ヒメを追い返す。

かわいそうだとは思いつつも。


しかし、数分後、またヒメは戻ってくる。

「だから仕事部屋に行っちゃダメって言ってるでしょ～～～！！！（激）」と、ママに叱られて、受け取った言葉の意味とは裏腹に、本能的に逃げてくる。

パパのキーッと、ママのキーッのどちらが怖いか。
そりゃ、そうだよな、ヒメ。

★ふりかえり

この朝型の生活はいまでも続いています。子どもを寝かしつけながらいちど寝落ちして、そこから起きて残業を終えるというひとも多いようですけれど、みんな朝型にすればいいのになと思います。眠い目をこすりながらだと二時間かかる仕事も、朝起きたての爽快な頭だと一時間で終わります。しかもさえているからクオリティーも高まります。あくまでも私の場合ですけど。

あぁ、夏休み　（チビ六歳　ヒメ三歳）

ガシャッ！
チビが僕の仕事部屋につかつかと侵入してくる。
「カブトムシにエサをやりに来た」とか、「ねぇ、これはなんて読むの？」とか、「そここにトカゲがいるよ！　捕まえて！」とか。

「仕事中は遊べないからこっち来ちゃダメ」と言っていても三〇分おきにチビがやってくる。

夏休みの間はまったく仕事がはかどらない。


チビだけなら問題は少ない。

台所からママとヒメのバトルが聞こえてくると、その数分後には大人用のサンダルを突っかけて、ヒメがやってくる。

「ママに怒られた～。ママなんてだ～いっきらい～」とかなんとか言いながら。

怒られたあとだから、邪険に追い返すのもかわいそうと思って一応少し話を聞いてあげなきゃいけない。

すぐに泣き止《や》むけど、そのあと、お絵描きを始めたり、ビー玉で遊び出したりしてしまう。

「もう帰りなさい！」と言っても聞きゃーしない。

そんな状況を見たチビがママに懇願する。

「ママがヒメを叱るとヒメがパパのところに行っちゃって、パパが仕事できなくなるから、叱らないで……」

父想《おも》いの息子だ。


でも、最悪なのは、チビとヒメがふたりとも仕事部屋に来ちゃったとき。

色鉛筆の取り合いなんかから、必ず喧嘩になる。

「ふたりともあっちに行ってなさ～い（怒）」

僕のイライラも頂点に達する。


それを気にして、ママは毎日、チビとヒメを子どもイベントに連れて行ったり、映画に連れて行ったりしてくれている。

チビとヒメを連れて、子どもだらけのぐちゃぐちゃ、どろどろのところに行くのは相当なストレスに違いない。

しかも、暑いし。

この夏ママは、僕抜きで帰省してくれたり、親戚の家に行ってくれたりと、数日間にわたってチビとヒメを連れ出してくれもした。

まるで甲子園《こうしえん》球場で高校野球大会中の阪神《はんしん》タイガース。

全国各地を転々と連戦する死のロードみたい。


自宅で仕事していることで、少しはママのフォローもできてるかなといつもは思っているけれど、夏休みばっかりはかえって足を引っ張っているのかも。

しかも、ママが頑張ってくれている間に、仕事がはかどったかというと、必ずしもそうでもないことがたいへん心苦しい。


七月の下旬、ある小学生のママが言った。

「夏休みが始まっちゃって、どうやって四〇日間すごそうか、それを考えるだけでおかしくなりそうで……」

あのママも、二学期が始まったいまごろは、胸をなでおろしているだろうか。

★ふりかえり

忘れてましたけど、これ読むと、ママにはほんと苦労をかけていたなあと思いますね。

チビで脳トレ　（チビ五歳　ヒメ二歳）

チビの幼稚園でもカードゲームが流行っている。

チビも一応カードをもっているけれど、どうも遊び方をよくわかっていないみたい。

「パパ、ポケモンカードで遊ぼう！」と言うものの、「いっせいのーせ！」でそれぞれカードを出して、ヒットポイントの高いほうが勝ちという退屈な遊び方。

「パパ、ウルトラマンカードで遊ぼう！」と言っても、カードのはしについているグー、チョキ、パーのマークでじゃんけんをするだけ。

ウルトラマンキングがザコ怪獣に負けちゃったりする。

「パパ、仮面ライダーカード！」

……もう、飽きたよ。


そこで、僕はひらめいた。

仮面ライダーカードはトランプを兼ねている。

「チビ、神経衰弱を教えてあげる」

「シンケイスイジャク？」

「こうやって全部裏返して……」

「それじゃ、どれがどれだかわからないじゃん！」

「それを当てるゲームだよ！」

チビの目が輝く。

最初の数回こそ、要領を得なかったチビだけど、そこは子どものやわらか頭。

すぐにコツをつかんで僕を負かすようになった。

僕は一〇〇円ショップで本物のトランプを買ってチビにプレゼントした。

それから、チビはどこへ行くにもそれを持ち歩き、シンケイスイジャクの勝負を挑む。

僕の実家では、ひいおばあちゃんとシンケイスイジャク。

チビのほうが圧倒的に強い。

ひいおばあちゃんもムキになって頑張るから老化防止に良さそうだ。


チビがひいおばあちゃんの相手をしてくれるから、実家でのチビの株は上がった。

「チビが遊んでくれるから、ばあちゃんの相手をしなくてすんで助かったわ」と、おばさんからメールが届く。

子どもの相手も疲れるけど、お年寄りの相手というのも結構大変。

でも、子どもとお年寄りのコンビはお互いに楽しそうにいつまでも遊んでいる。


昔はそうだったんだろうな。

三世代同居は当たり前。

父ちゃん、母ちゃんがせっせと畑仕事している間、子どもたちは、じいちゃん、ばあちゃんから遊びを教えてもらっていた。

じいちゃん、ばあちゃんたちにとっても、子どもたちとの遊びは、脳を刺激するいいエクササイズだったに違いない。


ずいずいずっころばし、おてだま、あやとり……。

手遊びやことば遊びを通しての世代を超えたコミュニケーションは、実はお年寄りと子どもの共生のしくみだったんじゃないか。
クマノミとイソギンチャクみたいな。

核家族化が進んだことで、子どもが育つ環境から多くの登場人物が消えた。
一方で、じいちゃん、ばあちゃんたちの傍らからも子どもたちの姿が消えた。

人生の最初と最後に、いるべきパートナーがいない。
お互いに支え合っていた二つの世代が分断されたのだ。
遊び相手のいない子どもたちはゲーム機で遊ぶ。
老化防止にと、いまやお年寄りもゲーム機で脳トレする。
人生の最初と最後をゲーム機に任せてしまっていいのだろうか。

育児環境問題と、老人介護問題。
一見、別々に思える二つの問題は、実は根っこでつながっている。

ニッポンの誰もが〝自分〟の〝いま〟しか見ていなかった時代、バブル期。
「親と同居なんてまっぴらごめん」
なんてことが当たり前のように言われていた。
「DINKS（子どもなしの共働き世帯）」なるライフスタイルもてはやされた。
そんな風潮も、いま、少しずつ変わってきている。
夫婦で育児を楽しみ、じぃじ、ばぁばとも近い距離を保つ家族が増えている。
価値観が変わってきたわけではなく、当たり前の状態に戻ってきたのだと思う。

★ふりかえり

おじいちゃん、おばあちゃんの教育力って想像以上のものがあるんじゃないかと、いま私は思っています。生育環境に、おじいちゃん、おばあちゃんの存在感が圧倒的に足りなかったことは、チビにもヒメにも申し訳なかったなと思っています。

第一一章　〝願い〟よ届け！

縁起でもないですが、あなたは死ぬ瞬間にお子さんにどんなことを伝えたいですか？　もっと縁起でもないですが、もし、あなたが明日死ぬとわかっていたら、今日はお子さんとどんなふうにすごしますか？

子どもにこんなことを伝えたい、いっしょにこんな体験をしたいと思うことは山ほどあるでしょう。しかし、子どもといっしょにいられる時間は、いま、この瞬間も、一分、一秒と確実に減っています。限られた時間の中で、どれだけのことを子どもに伝えることができるか……。

子育ては時間との戦いでもあります。

しかし、いっしょにいなければ何も伝えられないかといえば、そうではないでしょう。パパが会社に行っているちょっと寂しいその時間が、子どもに働くことの意味をじわりじわりと伝えることになるかもしれません。子どもが寝ている間に手紙を枕元にそっと置いておけば、子どもはパパが片時も自分のことを忘れていない安心感をもってくれるかもしれません。

もし、仮に、パパがなんらかの理由でこの世からいなくなったとしても、パパのブログを読んで、パパの〝願い〟を知ってくれるかもしれません。パパの本棚に残された本を読んで、パパの〝好み〟をわかってくれるかもしれません。

いっしょにいられる時間が少ないなら少ないなりに、自分の〝願い〟や〝想い〟を伝える工夫をあれこれ考えてみる。ちょっと切ないですけど、それも子どもといっしょにいる時間が少ないパパの育児のひとつだと思います。

そのうえで、子どもといっしょにいられる、人生のうちでほんのわずかな時間をいかにすごすのかを考えれば、その限られた時間は限りなく濃ゆ～くなっていくはずです。子どもが「パパ～！」なんて抱きついてくれるのは人生のうちのほんの数年間。そのわずかな時間くらい、うんざりするほどの愛情を子どもに注いでもいいのではないでしょうか。

竹馬の友　（チビ六歳　ヒメ三歳）

一〇年以上ぶりだろうか……。

いや、一年半前に会ったんだった。

でも、そのときは、ちょっと立ち話しただけで、ちゃんと話す時間はなかった。


夏の終わりに、僕のふる〜い友達がいる広島に遊びに行った。


初めての幼稚園。

まわりには知らない子どもばかり。

積み木やらブロックやらが無造作に広げられた小さな教室でいよいよ幼稚園の授業（？）が始まるのを待っていた。

目の前にはひときわ元気な男の子がいる。

ブロックで何かをつくろうとしている。

「よし、この子に話しかけてみよう」

本当は自分から知らない子に話しかけるのは得意なほうではないけれど、「今日からは幼稚園生！　それくらいの社会性は発揮しないと」と思って自分を奮い立たせたことをいまでも覚えている。


落ちているブロックを指さしながら、初めて自分からお友達にかけた言葉は、「おい、これう○こじゃないか？　なんでこんなところにう○こがあるんだ？」とか、なんとか。

とにかくう○こネタだったことは間違いない。

その男の子はニコリと振り向いて、「おっ、ホントだ！　う○こだよ！　う○こ！」と話を合わせてくれた。

そこから意気投合。

毎日いっしょに遊ぶ大親友になった。

しかし、大親友は小学校二年生のときに広島に引っ越してしまった。

彼の名前はつとむくん。

現在（当時）は僕と同じく三五歳、お医者さんだ。

今回、広島の海の見える芝生の上で、つとむくんの家族と、おじちゃん、おばちゃんと、うちの家族でＢＢＱをした。

つとむくんにも一歳の男の子がいる。

つとむくんの奥さんのおなかにはもう一人いる。


おばちゃんが目を潤ませて言う。

「信じられないわね……」

僕とつとむくんが出会ったのがちょうどいまのチビと同じくらいなわけ。

それがいまや子どもを連れて一家で遊びに来るんだから、すごいことだ。


つとむくんのおじちゃん、おばちゃんは僕にとっても自分の父親、母親同然。

そばにいるだけで、何ともいえない安心感がある。

僕は、おじちゃん、おばちゃん、そして僕自身のパパ、ママに感謝した。遠く広島と東京に引き離された小学校二年生同士が三〇年間連絡をとり続けられるはずもなく、こうやって僕とつとむくんがいまも家族ぐるみで遊べるのは、僕のパパ&ママとつとむくんのおじちゃん&おばちゃんたちが仲良くしてくれていたからこそ。三〇年におよぶ僕とつとむくんの交流は、僕とつとむくんの親たちが残してくれた一生ものの財産。

僕も、もっとたくさん、チビやヒメのお友達のパパやママと仲良くして、子どもたちに一生ものの財産を残してあげないと！

一年半前、つとむくんやおじちゃん、おばちゃんとちょっとだけ会えたのは僕の母の葬儀のときだった。

いろいろな方々が参列くださるなか、おじちゃんとおばちゃんの顔を見たときだけは涙が止まらなくなった。

自分の親ではないけれど、それと同じように、どんなときでも自分を受け止めてくれる大きな存在のように感じられて、おじちゃんの肩で泣かせてもらった。

いつの日か、チビやヒメのお友達がその子どもたちを連れて遊びに来たりしてくれるのだろうか。

けんちゃんだろうか？　たーちゃんだろうか？

彼らにとって、このパパは、自分のパパと同じように安心感を与えられる存在でいられるだろうか？

虫かごを首にかけて飛び回っているチビを見ながら、想像してみた。

いつかチビやヒメが泣きたくなったとき、僕がもし、いなかったら、つとむおじちゃんの肩を借りて泣けばいい。

きっと僕がするのと同じように抱きしめてくれるから。


「チビ、このひとがつとむおじちゃん。う◯こが好きなんだよ」

「そうそう、おじちゃん、う◯こ好きなんだよ」

つとむおじちゃんは三〇年前と変わらず、う◯こネタであいさつしてくれた。

★ふりかえり
これ読んでたら、涙が止まらなくなりました。さっき、買い物に行く途中で、ちょうどけんちゃんのお母さんと自転車ですれ違って、手を振ったところでした。けんちゃん一家ともう一五年以上の付き合いになります。時を経て、いつもいっしょにいられるわけではないけれど、それでもお互いを信じ合えるひとたちがいるって、本当にしあわせですね。

床屋さんデビュー　（チビ五歳　ヒメ二歳）

意外と早く、そのときはやってきた。

「パパ、髪切るからオマエも切るか？」

僕が愛用のバリカンを取り出して、散髪の準備をしているときだった。

「切らない！」

「なんで？　もう伸びすぎだよ」

「ボウズはイヤだ！」

ガーーーン。

いつか来るとは思ってたけど、なんの前触れもなく突然やってくるとは。

「でも、伸びすぎでかっこわるいだろ」

「ボウズじゃなく切ってよ」

「パパはボウズしかできないんだよ」

「なんで？　はさみでこうやって切ればいいじゃん！」

「それは難しいの！　それなら床屋さんに行って切ってもらうか？」

「イヤだ。パパに切ってもらいたい」

パパに切ってもらいたいけど、ボウズはイヤだ、か。

「どんな髪型にしたいの？」

「伸ばしたい」

「ただ、そのまま伸ばしてもみっともないぞ。床屋さんで端っこだけでも切ってもらおう」

「パパじゃなければイヤだ」

そこはかわいいな。


突然のチビのボウズ卒業宣言に、うろたえる僕はさらに聞く。

「誰かにボウズはかっこわるいって言われたの？」

「ううん」

「チビくんのパパはなんで髪ないの？とか、からかわれたの？」

「違う」

「じゃあ、なんでボウズがイヤになったの？」

「ボウズはダサイんだよ。パパもボウズやめたほうがいいよ！」


こっ、これは本気だ。

でも、何があったのかはわからずじまい。


「よし、それなら、パパといっしょに床屋さんで切ろう！　パパは床屋さんでボウズにするけど、チビは好きなようにしなさい」

「パパといっしょならいいよ！」

「どんな髪型にしたいか自分で言えるか？」

「わかんない」

「そういうときは、かっこいいと思う髪型の写真を持って行って、こういうふうにしてくださいって頼めばいいんだぞ。よし、この本の中で、誰の髪みたいにしたい？」

パパはチビの愛読書であるヒーローものの本を持ち出した。

戦隊ものやウルトラマン、仮面ライダーに変身するかっこいいお兄さんたちが勢ぞろいしているから。

「うーん、これ」

「おう、仮面ライダーのお兄さんか。よし、これを持って行こう！」

どこをどう切ってもそんな髪型にはならなそうだけど、床屋に連れて行くことが優先だからよしとしよう。

近所の一〇〇〇円床屋さんに行く。

襟足をちょっとそろえてもらうだけなら十分でしょ。

「どうしますか？」

「ボウズから伸びっぱなしなんですが、本人はあまり切りたくないようなので、襟足だけちょっと切りそろえてください」

そして、一応チビがおそるおそる仮面ライダーのお兄さんの写真を見せる。

「こういうふうにしてください」

一瞬、店員さんの動きが止まる。

「将来的にそういうふうにしたいというだけで、あまり気にしないでください」

僕が小声でフォローする。


本人は仕上がりに満足したようだ。

写真とはずいぶん違うのだけれど。


すでに、僕がキスしたり、一方的にぎゅーっとしたりすると嫌がるチビ。

いよいよ来年は小学生。

チビが成長することによって、一日、一日、チビと僕との距離が広がっていくことを意味する年ごろとなってきた。

パパがヒーローでなくなる日ももう近いかもしれない。

もっと言うならば、どんな形かはわからないけれど、チビとの別れさえきっといつかやってくる。

いまも、一日、一日、チビとすごせる時間は減っている。

いましかできないことをしよう。

後悔しない毎日をすごそう。

チビの成長が僕を奮い立たせる。

★ふりかえり

いま考えると、やっぱり誰かに坊主頭をからかわれたんでしょうね。こうやって世の中の常識とか規範意識だとかを子どもは装備していくわけです。良くも悪くも。

「ねぇ、パパ」　　（チビ六歳　ヒメ三歳）

ヒメが大きくなって、チビとふたりだけで遊ぶことが少なくなった。

ヒメがいると、どうしてもヒメのペース、レベルに合わせて遊ばなくちゃいけない。

チビと僕が話をしていてもヒメが横やりを入れて、会話がなかなか成り立たない。

チビは僕を独占できないことにときどきイライラを感じているようだ。

だから、チビはできるだけヒメがいないすきを狙って、何かと理由をつけて僕と話そうとする。

「ねぇ、パパ？　カメはエサ食べてる？」

「ねえ、パパ？　怪獣カードで珍しいのを見つけたんだけど……」

「ねぇ、パパ？　……」

パパが仕事をしているとき、新聞を読んでいるとき、テレビを見ているとき、「ねぇ、パパ？」はパパの全意識を自分に向けるためのスイッチみたいな言葉。

何かを質問したいときの「ねぇ、パパ？」はちょっと語尾が上がる。

何かの不満をぶつけたいときの「ねぇ、パ～パ～！」は泣きそうな声で震えてる。

非難するときの「ねぇ、パパ……」は低いトーンで、それとわかる。

チビは、あとに続く話の内容に合わせて、イントネーションや表情を変えて、何十種類もの「ねぇ、パパ」を使い分けている。

それによって、こちらも話を聞く態度を変えることができる。

こちらが忙しいときに、気軽なタイプの「ねぇ、パパ」をくり返されると、「なぁ～んだよ～！　いま、忙しいのっ！」って、怒鳴っちゃったりする。

でも、深刻なタイプの「ねぇ、パパ」を投げかけられると、一応話は聞こうかなと冷静になれる。

チビはそれを知っている。


チビはいったい一日何回「ねぇ、パパ」って言ってるんだろう？

休みの日に、「ねぇ、パパ」の数を数えてみることにした。


ヒメとママは置いて、チビとパパだけで朝からおでかけ。

「今日は、チビが何回〝ねぇ、パパ〟って言うか数えちゃうよ」

僕が言うと、チビは照れくさそうに笑う。

「ねぇ、パパ？　なんでそんなことするの？」

「ほら、もう一回！」

公園で遊んだり、レストランでごはんを食べたり、帰りにパパの晩酌用のおつまみを買ったり。

ごくフツーの休日が過ぎていく。

そして、ひっきりなしに「ねぇ、パパ」はくり返される。


夕方、晩ごはんの前に、おつまみのするめと、ホッピーをテーブルに並べる。

チビがお酌してくれる。

そしてまた、「ねぇ、パパ……」。


これで、八〇回目。

ごはんを食べるとき、お風呂に入るとき……。

そのあとも「ねぇ、パパ」は続いたが、お酒を飲んでいい気持ちになってしまってからは僕の頭の中の「ねぇ、パパ」カウンターは故障して止まってしまった。


でも、一日少なくとも八〇回以上、僕はチビの「ねぇ、パパ」に応えていたことになる。

朝の八時から夜八時までの一二時間だとすると、九分に一回のペース。

「ねぇ、パパ」で始まった一回の会話が終わるのに、最低一分。

長いと一〇分はかかる。

「ねぇ、パパ」だけではなくて、「ねぇ、チビ？」も当然ある。

つまり、チビと僕がいっしょにいるときは、ほとんど、会話が途切れていない計算になる。

一回の「ねぇ、パパ」が終わったら、すぐ次の新しい「ねぇ、パパ」が始まる。

お坊さんの禅問答みたい。


「ねぇ、パパ」はチビにとっては魔法の言葉なのかな？

知りたいこと、不満、怒り、うれしかったこと、楽しかったこと……なんでも、「ねぇ、パパ」と言ってから話せば、すべてがうまくいく。

そう思ってるのかもしれないな。

まだまだ、パパはチビのヒーローだから。

そして、僕にとっても「ねぇ、パパ」はこの世で最もすてきな言葉。

「ねぇ、パパ」があるから、僕は毎日を頑張れる。

★ふりかえり

「ねぇ、パパ」って言う、あのころのあどけないチビの顔とかわいい声を思い出すだけで、愛おしくて涙がこぼれそうです。思い出すだけで、あのころの気持ちが甦り、勇気が湧いてくる。私はあのとき、何度も呪文をかけられていたんですね。その効果は、いまだ衰えていないようです。

昔話の魔力　（チビ六歳　ヒメ三歳）

「むかし、むかし、あるところに……」

最近ママが、寝る前に子どもたちに昔話を読んであげるようになった。

ご近所のお姉ちゃんから日本と世界の昔話の約一二〇話のセットをごそっとゆずり受けたから、チビは毎日日替わりの昔話を聞きながら眠りに落ちる。

なかなか贅沢だ。

『つるの恩返し』を読んでもらっていたとき。

「夜中に、トントンと誰かが戸を叩く音がしました……」と読み進めるママに、チビが言う。

「あっ、これはつるに違いない！」

「えっ、これ読んだことあったの？」とママ。

「いいや、読んだことはないけど、だいたいわかる」とチビ。

毎晩、日本昔話を読んでもらううちに、昔話のパターンが見えてきたようだ。

「ほう、昔話のパターンがわかってきたんだな、チビ」と僕。

「うん、だいたい決まったパターンがある。おじいさんはだいたい山にしばかりに行く……」とチビは分析する。

僕と妻は大笑い。

昔話は、パターンさえつかめれば、話のオチは想像できるが、それが重要なんだと思う。

欲張るひとはあとで、痛い目にあう。

恩を忘れないひとは必ずあとでしあわせになる。

善は悪に勝つ。

力よりも知恵がものをいう。

……など、など。

汚れちまった大人（あっ、俺かっ）にこそもういちど聞いてほしい教訓がいっぱい詰まっている。


親が自分のことを棚に上げて、「欲張るとあとで痛い目にあうんだぞ」と言うよりも、具体的な昔話から「そういうものだ」と刷り込んでもらったほうが子どもにはわかりやすい。

子どもたちはきっと、その刷り込みに従って人生を決断していく。

昔話は、子どもの価値観に大きく影響するはずだ。

昔話の魔力。


もうひとつ、僕はとっても面白いことを発見した。

ママの機嫌が悪いとき、冒頭の「むかし、むかし、あるところに……」にはほとんど、感情がこもっていない。

声のトーンからイライラしていることが明らかで、二段ベッドの下で聞いているだけでも恐ろしい。

しかし、ストーリーが展開し、正直者のおじいさんが困っていたり、欲張りばあさんが意地悪していたりするシーンになるころには、ママも物語の世界に入り込み、声に感情がこもるようになる。

本を一冊読み終えるころには、さっきまでのイライラはどこかへ飛んでいき、やさしい声で「おやすみ、チビ」が言えるようになる。


これまで、イライラしてしまったら、早く子どもたちを寝かしつけて、ひとりで缶チューハイを飲むことが唯一のストレス発散方法だったママだけど、意外なところで、ストレスを忘れられるようになったみたい。

チビやヒメにとっても、ママの怖い顔を見ながら眠りに落ちるよりも、やさしい顔を見ながら寝たほうが、いい夢が見られるに決まってる。

そして、ママ自身、昔話を読むようになってから笑顔が増えた。

昔話を読むことで、ママ自身がやさしくなれる↓ママのやさしい顔を見て、子どもが安心して、ママとの絆《きずな》が強まる→子どもがママの言うことを聞くようになる→ママが笑顔になる、っていう好循環が生まれたんだと思う。

昔話には「家庭を円満にする偉大な（意外な）魔力」もあるらしい。


ちなみに僕は、『マッチ売りの少女』を読むたびに号泣してしまう。

昔話だとはいえ、これがチビやヒメだったらと思うと泣けてくる。

そして、いまもなお、地球のいたるところで、同じような境遇に耐え、たくましく生きる子どもたちがいることを思うと、もう涙は止まらない。

いまも世界中にいる「マッチ売りの少女」たちに笑顔になってもらうために、何かできることはないか？と考えては、無力感に駆られずにはいられない。

「パパがほんとにヒーローだったら……」


暖かいふとんで、家族そろって夢を見ることができるしあわせ。

まず、その奇跡のようなしあわせに心の底から感謝することが、第一歩だと思う。

その思いがパパを本当のヒーローにしてくれる、はず。

★ふりかえり

実は私自身はあんまり子どもたちに絵本の読み聞かせをしていなかったんです。もっと読んであげれば良かったなぁといまになって反省してます。

夢に負けない体・頭・心　（チビ五歳　ヒメ二歳）

寝つきざまにチビがパパに語りかける。

「パパの夢は何？」

「チビとヒメとママがしあわせであること」

「なんで？　その前にあるでしょ。世界のたくさんのひとが、ごはんも食べられないひとが、しあわせに……でしょ！　それから家族でしょ」

ぼ、僕は教えてない……。

きっと、幼稚園かどこかで聞いたんだろうけど。

それとも、ずーっと昔に、どうせわからないだろとか思いながらしゃべったのかな？

じ～んときて、チビをぎゅーっと抱きしめる。

「夢は叶えるもの」なんて、無責任に言うひとが多い。

「夢」って言葉から、「仕事」を連想しちゃうひとも多いみたい。

でも、「将来の夢は?」と聞かれて「お医者さんになること」とか、答えていいのは子どもだけ。

ある程度の大人になればその程度のことは目標という言葉に置き換わる。

いつまでもそれに気づかず、ビジネスの目標を夢として語っている輩《やから》には「?」と思う。

僕の辞書では、どうすれば叶うのかがわかっているものは「夢」ではなく、「目標」という。

目標と夢とでは次元が違う。

どうやったら叶うのか、本当に叶うことなのか、まったくわからないけど、それでも追いかけたくなるものが夢。

一生かけても叶わないかもしれないもの、それが夢。

〝勝ち組〟といわれる人々が、「若者よ！　夢をもて」なんて無責任なことを言うから、若者は苦しむ。

夢がないことはいけないことなんじゃないかって。

きっとビジネスのなかに夢が落っこちてるんだって勘違いする。

そして、強迫観念からつくり出した「偽物の夢」に邁進《まいしん》し、本当の夢に気づくチャンスを失ってしまう。


「僕の、私の、夢はどこ？」なんて世界中を旅したって見つからない。

夢は自分の心の中にある。

ある日突然、体まで突き動かす。

夢は自分で設定するものではなく、心が勝手に目指すもの。

そして、ときどき、ころっと変わってしまうかもしれない気まぐれなもの。


「世界平和と家族のしあわせ」

それがいまの僕の夢。

僕の場合、夢はチビが生まれてから初めて感じた。

それまでは「夢は？」って聞かれても「ない」と答えていた。

あえていえば「世界平和かな？」くらいに思っていた。

「夢がなくて何が悪い！　すべきことはわかっているし、したいこともある。でも、それを夢とは呼ばないんだ」と思っていた。


それが、チビが生まれたことで「世界平和と家族のしあわせ」として初めて言葉になった。

「世界平和」と「家族のしあわせ」が実は同じ意味の言葉であることに気がついて。


家族のしあわせとは、すなわちチビやヒメのしあわせ。

チビやヒメのしあわせとは、すなわち彼らが将来愛するであろうひとや、彼らのまだ見ぬ子どもたちのしあわせ。

永遠に続いていく……。

未来が平和でなければ実現できない。

でも、世界中の人々が同じ思いをもてば、いつか実現できるかもしれない。

世界中のひとが、「本当の夢」を見つめれば、もしかしたら一〇〇年後、いや、一〇〇〇年後には実現できるかもしれないはるかなる夢。

戦争や、環境問題……、僕の夢を邪魔する障害がたくさんある。
それらの障害を僕一人の力で排除することなんてできない。
僕の短い一生のうちで叶えられる夢じゃ到底ない。
でも、間違いなく僕の夢なんだ。

もう何年かしたら、僕はチビに教えたい。
「夢なんて無理に探さなくていい。それより、夢が自分を突き動かしたときに、その夢に負けないだけの体と頭と心をつくっておくんだ！」って。

★ふりかえり

まだまだ老いた自覚はなくて、むしろまだまだ未熟だと思う今日このごろですが、時間的には、私の人生も折り返し地点をとっくに過ぎたと思っています。体と頭と心が動くうちは「世界平和と家族のしあわせ」を諦めず、少しでも自分にできることをして、チビやヒメたちにバトンを渡したいと思っています。

チビはパパのヒーローだ！　（チビ一歳　ヒメまだいない）

〝そのとき〟は突然やってきた。
僕にとっては、それまでの世界が音を立てて崩れ落ち、みるみる黄金に塗り替えられていくような、そんな瞬間だった。

チビがまだ、あんよを始めたばかりだったと思うから、一歳前後。
お風呂場での出来事が僕の人生を変えた。

毎日深夜まで会社勤め。
よせばいいのに、ちょっとでも早く終わるときには仲間と飲んでタクシー帰り。
起きているチビとはほとんど顔を合わせない日々だったあのころ。

日曜日に一〇〇円ショップに行く用事があった。

そこで、ぞうさんのじょーろを見つけ、買い物かごへ。

「きっと、喜ぶぞ～」

夕飯を食べ終わって、チビといっしょにお風呂に入る。

チビとのお風呂タイムは、慌ただしい毎日のなかで、ほとんど唯一、心が洗われる時間だった（思い起こせば、これくらいしか父親らしいことはしていなかったな、当時は）。

そこに秘密兵器投入！

ジャ、ジャーーーン！！！

ぞうさんの形をしたじょーろを見るや、チビの目が歓喜に輝く。

「キャ、キャ、キャッ、キャ！（はやくさわらせて～）」

と、言葉にならない言葉ではしゃぐ。

いったん、チビの手に持たせてから、そのじょーろをお風呂に沈め……。

ブク、ブク、ブク……。

その泡を見るだけで、興奮するチビ。


泡が出なくなったところで、ぞうさん浮上。

そして、お鼻の部分をちょっと下にすると……。

ジョォーーーーーーー。

ぞうさんのお鼻からお湯が流れる。

流れたお湯は湯船に戻り、心地好《よ》い低音を響かせる。

そこにチビの「キャッ、キャッ、キャッ！」という高音が被される。

お風呂場のエコー効果でその音は増幅し、小さなユニットバスはまるで大スペクタクルステージだ。


そのときのチビの表情を一生忘れないだろう。

その表情はこう語っていた。

「パパ、なにコレ？　すごいね！　すごいね！」

「この世の中には、こんなに楽しいものがあるんだね！」

「ボクは最高にしあわせだよ～！」

たった一〇〇円のぞうさんのじょーろ。

この子は、たったそれだけで、世界一しあわせになれちゃうんだ。

なんて、純粋なんだろう……。

この子はしあわせになる天才だ！

いや、この子だけじゃない。

すべての子どもはしあわせになる天才なんだ！


そしてさらに、最高にしあわせそうにしているチビを見ながら、間違いなく世界一しあわせな気分を味わっている自分がいる。


たった一〇〇円のぞうさんのじょーろ。

たった一〇〇円でチビが最高にしあわせになり、パパも最高にしあわせになっている。

僕の頭の中では、夜中に飲み屋で散々散財したことや、高価なものを買って満足していたことや、もっと稼がなきゃと給与明細を見ていた自分の姿が、まさしく走馬灯のように駆け巡っていた。

たった一〇〇円でこんなにしあわせになれるのに、その何百倍ものお金を使って人生を謳歌《おうか》しているような気分になっていた自分がむなしく感じられた。

そのとき、自分を取り巻いていた世界のメッキがパリパリと音を立てて崩れ落ち、温かくてやわらかい金色に輝く小さな世界が見えた気がした。


ぞうさんのじょーろにはしゃぐチビとお風呂に浸かりながら、パパの頭の中で大革命が起きていた。

これをある意味開眼というのだろうか。

いま思えば、この瞬間が、本当の意味で「パパスイッチ」がONになった瞬間だったのだと思う。


学芸会の定番、メーテルリンク原作の『青い鳥』。

しあわせの青い鳥を探していろんな世界を旅するチルチルとミチル。

しかし、その青い鳥は自分の家の鳥かごにいた……。

旅の途中、いろんな「幸福」の精に出会う。

「両親を愛する幸福」「青空の幸福」「無邪気な考えの幸福」「雨の日の幸福」「森の幸

福」「清い空気の幸福」……ありとあらゆる「幸福」の精がいる。

「きみたちに会った覚えがないんだもの」と言うチルチルに、「幸福」の精たちが大笑いしながら言う。

「ぼくたちはいつだってあなたのまわりにいるんですよ。そして、あなたといっしょに食べたり、飲んだり、目を覚ましたり、息をしたりしてくらしてるんですよ」

さらに、「喜び」さんたちも登場する。

「正義である喜び」「善良である喜び」「ものを考える喜び」「仕事を仕上げた喜び」「美しいものを見る喜び」「ものを愛する喜び」、そして「くらべもののない母の喜び」（本には書かれていないけど、きっと「くらべもののない父の喜び」ってのも存在するはず！）。

どれも、普段、人間には見えない「喜び」ばかりだという。

「ぞうさんのじょーろの大革命」は、いままで気づかなかった「幸福」の精や、「喜び」さんたちとの出会いだった。

「パパスイッチ」がＯＮになってから、それまで気がつかなかった「幸福」や「喜び」に気づけるようになった。

いまとなっては、それがごく当たり前のことだけど、それまではまるで気づいていなかったのだと思う。

もしくは、気づいているふりをしていたのだと思う。


自分の欲しいものを手に入れることも「幸福」のひとつだろう。

でも、つい、自分の求めたものを手に入れることこそが「幸福」と思うこと、多いんじゃないかな。

「しあわせは自分からつかむもの」みたいな言い方はよくされるけど、パパスイッチがONになってからの僕はちょっと違う感覚をもっている。

「自分の努力で得られるしあわせなんて人生におけるしあわせのほんの一パーセントにも満たないのではないか。残りの九九パーセント以上のしあわせは、思いがけず与えられたものばかりなのではないだろうか」

一心不乱に自らが思い描く「幸福」に向かって突き進むのもいいけれど、毎日の生活のなかの小さな「幸福」や「喜び」に気づこうとするだけで、その一〇〇倍以上の「幸福」が感じられるのではないか。

しあわせは、つかんだり得たりするものではなく、感じるもの。

あらゆるもの、ことに感謝する気持ちをもてば、「幸福」や「喜び」がすぐ手の届くところに、両手に抱えきれないほどいっぱい、思いがけず与えられていることに気がつくはず。

そして、パパが思いがけず与えられたもののなかで、最も素敵なものは、言うまでもなく、チビやヒメや、ママとの出会いなんだよね。

こんな宝物、一生をかけて世界中を探し回ったって見つかりっこない。

なのに、ただ、与えられてそこにある。

自分の力を超えた何かに感謝せずにはいられない。

「チビとヒメが喧嘩するのを見守る幸福」「ママがキーッとなって怒鳴り散らすのを恐る恐る見守る幸福」……。

自分の人生の一分、一秒がしあわせに満たされていることを感じる。

「ぞうさんのじょーろの大革命」以降は、生きていることの〝濃度〟が違う。

昔より、毎日を大事に生きるようになった気がする。

親としてのスイッチが入れば、どんなことも怖くなくなる。

あらゆることがしあわせに思えるようになる。

そんな気がする。


そして、僕は、できるだけ多くの「幸福」の精や「喜び」さんたちに気づけるようになってほしいと思って、チビやヒメとの時間をすごす。

お金も時間もほとんど必要ない。

「ごはんがおいしいね」「この花かわいいね」「空が青いね」「風が気持ちいいね」「今日も会えてうれしいよ」……。

それだけで、十分。

いま、そこにたまたま与えられたしあわせを感じるだけ。


それが僕がチビにできる恩返し。

チビが僕を「しあわせの世界」に導いてくれたから。

チビこそ、パパのヒーローだ!

★ふりかえり

ぞうさんのじょーろのあの日は、間違いなく、私の生きる次元が変わった日でした。もうチビは一歳くらいだったから、そこでパパスイッチが入るって、遅すぎるんですけど……。

終章

〝素の自分〟を取り戻そう！

最後まで読んでくださった方も、途中でめんどくさくなって、とりあえず「終章」だけ読んでおこうと思われた方も、とにかくここまでお付き合いいただき、ありがとうございます。

「序章」で書いたように、〝理想のパパ〟や〝理想のママ〟ではなく、〝素の自分〟として子どもに接することは、実は結構難しいことです。

誰の心にも「親としてはこうしなければいけない」とか「もっとこうでなければならない」という思いがあります。しかし、その多くは自分の親から与えられた価値観だったり、学校や会社で植え付けられた価値観だったり、とにかく自分以外の何かから与えられた価値観であることがほとんどです。他人からどう見られるかという観点を重視して育まれた価値観であることが多いように思います。そのような価値観にとらわれていては、〝素の自分〟とはいえないでしょう。

まず、パパ自身がしつけや教育や社会適応のために身につけたものを、いちどすべて棚卸して、〝素の自分〟になるためにはどうしたらいいでしょう？

そう、自分が〝子ども〟になってしまえばいいのです。近くにお子さんという最高のお手本があるのですから、お子さんの気持ちに寄り添って、自分も子どもの気持ちになればいいのです。

子どもの視点に立って見れば、まちはテーマパーク、公園は大自然……。世の中はヘンなことや面白いことでいっぱいです。「いま、ここにいることが楽しい！」ってことをあらためて感じさせてくれます。それがあなたの〝自分自身〟、〝素の自分〟の状態ではないでしょうか。

子育ては、子どものころの感性や素の自分を取り戻すチャンスなのです。あらゆる社会的呪縛から解放されて、自分自身の人生を再び歩みはじめるチャンスを、子どもから与えてもらうことではないかとさえ思うのです。

〝自分〟探しのために、世界中を旅しちゃうひともいるようですが、パパになった私たちはもはやそんなことに時間やお金をかける必要はないのです。ほら、ラッキーでしょう。

……と、ついつい熱く語ってしまいましたが、ハイハイ、わかっていますって！　しっかりもののママがいるからこそ、パパはこんな好き勝手なことが言えるんですよね。

パパまで子どもになってしまうと、ママにとってはたまったものではありません。ときにはシャキッと大人な男に変身して、ママへの配慮を忘れないこともパパにとっては大事ですよ～（言葉が上滑りしていることがバレバレですね……笑）。

最後に余計なお世話とは知りながら、世界中のパパたちが、ときに怒られ、笑われ、ゴマをすり、適度にママのゴキゲンをとりながら、始まったばかりなのに結構残り少ない子育てライフを、たくましく歩んでくださることを心よりお祈りいたします。

二〇〇九年九月　おおたとしまさ

第二部

しあわせな逆説

第一部は、新米パパとして子どもと濃密な時間をすごすバッタバタな様子を綴《つづ》ったものでした。およそ一五年の時を経て、自らツッコミも入れてみました。

子どもが「パパ〜！」って抱きついてきてくれるのなんて、本当にあっという間でした。舌っ足らずなしゃべり方で一日中「ねぇ、パパ？」と言って、ぷよぷよした小さな手で僕の手をぎゅーっと握っていた子どもたちは、もういません。ここからは、次第に子どもとの距離が離れていく話です。

子どもたちそれぞれが一〇歳になったときに行った父子記念旅行のことや、思春期・青年期を迎えた彼らに伝えたいこと、そして、親としてのたいていの役割を終えつつあるいま、振り返って思うこと、これからの自分について考えることなどを、第二部にまとめました。

子どもの成長は、とってもうれしくて、ちょっぴり切ないものですね。

第一章

息子が一〇歳になったらアフリカに連れて行く
その目標があったから、僕はいま、ここにいる

自分に課した誓い

　子育てにおいてこれといったこだわりはないのだけれど、一つだけ決めていたことがある。子どもが一〇歳になったらアフリカに連れて行き、「これが地球だよ」って話すこと。

　学生のころ、教育学の授業で「一〇歳前後にアイデンティティが確立する。どこにどれだけ住んでいたかは関係なく、そのときアメリカにいればアメリカ人のアイデンティティになるし、日本にいれば日本人のアイデンティティになる」という話を聞いた。自分はどっぷり日本人のアイデンティティをもつ。でも、将来子どもには、国籍も時代も関係ない、「地球人」としてのアイデンティティをもってほしいなと思った。だから、長男が生まれたとき、「できたら、息子が一〇歳になったらアフリカに連れて行こう」と思った。

　長男が生まれてほどなくして、僕はあんまりにも残業の多い会社を辞めてフリーランスの物書きになった。子どもが「パパ～！」って抱きついてくれるのなんて人生のうち

のほんの数年間。そのときに子どもといられなかったら一生後悔する。そう思ったから。

フリーランスになって、「できたら……」ではなく、「絶対に、息子が一〇歳になったらアフリカに連れて行く」と自分に誓った。そのためには、家族と仲良く暮らせるだけではなく、アフリカ旅行の旅費が払えるくらいの成果を仕事でも出さなければならない。自らに課したこの誓いが、フリーランスという不安定な立ち位置で足場を見失いそうになる僕を、幾度となく奮い立たせた。

これが地球だ。忘れるな

ずっとずっと遠い未来のような気がしていた。一〇歳になった息子なんて、当時は想像すらできなかった。でも、一日一日の積み重ねが、少しずつ憧れを現実に近づける。一〇歳の誕生日を間近に控え、とうとう息子に告げる。「アフリカに行こう」。息子は最初、戸惑っていた。「えっ？　お金がもったいないでしょ」なんて。しかし「一〇歳になったらオマエとアフリカに行くのがパパの夢だったんだ」と付け加えると表情が変わった。「そういうことなら、行く」。「ありがとう」。

チケットを予約してからも、「本当にその日がやってくるのだろうか……」なんて、一〇年越しの思いが実現することがなかなか自分でも信じられなかった。が一方では、iPhoneに「アフリカで話すこと」というメモ帳をつくり、ネタを書きためていった。息子はもうすぐ思春期にさしかかる。だんだんと父親を見る目も変わるだろう。その前に、父親として伝えておきたいことを書き連ねた。気分は吉野源三郎《よしのげんざぶろう》の『君たちはどう生きるか』だ。

そして無事、その日はやってきてくれた。成田《なりた》からキリマンジャロ空港まで三六時間。あんなにちっちゃかった息子がいま、自分の足でアフリカの大地に立っている。サファリ仕様のランドクルーザーに乗り込み、象に追いかけられ、チーターの狩りに遭遇し、ツェツェバエの大群に襲われ、人類発祥の地といわれる渓谷を訪れ、マサイの村にも立ち寄り……、親子共々興奮の連続だ。

しかし、その興奮以上に、「いままさに息子とアフリカにいる」という事実にこそ、僕は興奮していた。三六〇度見渡す限りの平原の中心で、とうとう言った。「これが地球だ。何万年も変わらない、そのままの地球の姿だ。この風景を忘れるな」。文字で書くと格好がいいけど、実際は相当照れながら言った。そんな父親を見ながら「忘れるわけないじゃん！」と息子は応えた。

五年後、一〇年後にわかればいい

九日間、男ふたりで、たくさんの話をした。「いまここで、仮にパパが死んじゃったとしても、オマエはきっと一人で日本に帰ることができる。もうオマエはそれくらいに成長したんだ。だから自分の力を信じろ。でも、勘違いはしないでほしい。一人で日本に帰るといっても、本当に独りの力で帰れる訳じゃない。大使館のひとや航空会社のひと、見ず知らずのいろいろなひとの助けを借りてやっと帰ることができるはずだ。本当に強いひとっていうのは、一人で何でもやっちゃおうとするひとじゃない。いろいろなひとの力を借りられるひとのことなんだ。そういう力があれば世界中どこへ行っても怖いものはない」なんて。

旅も残り少なくなったころ、こっそりｉＰｈｏｎｅのメモ帳を見る。「だいたいぜんぶ話せたかな」。多くは一〇歳の息子には難しい話だったと思う。でも、アフリカの大地で、父親と、そしてアフリカのひとたちと、語り合った経験は忘れないと思う。五年後、一〇年後、大人になっていく過程のなかで、何かの拍子に今回の旅を思い出してくれるのではないかと思う。そのときに、僕が伝えたかったことのほんの一部でもじんわり感じとってくれればいいと思う。

「この目標がなかったら、仕事にしてもプライベートにしても、ここまで頑張れなかったかもしれない」と、僕はときどき思う。「息子が一〇歳になったらアフリカに連れて行く」。一〇年前、たしかに自分にそう誓ったのだけど、気づいてみれば、連れて行かれたのは息子ではなく僕のほうだったようだ。旅を終えて、自然にこぼれた。「ありがとう」。

子育ての〈第二幕〉が終わったような気がした。〈第三幕〉が楽しみだ。

（「ＦＱ　ＪＡＰＡＮ」二〇一二年秋号掲載）

第二章

必要ならばキミの盾になろう
だって僕は父親だから

一〇歳になったら父子旅行

どんな時代になっても、どんなところにいても、たくましく生きていけるひとになってほしい。そのために、子どもが一〇歳になったら国も時代も関係ないところに連れて行き、「これが地球だ。ここで生きていければ、どこに行っても生きていける」と語るのが、まだ父親になるずっと前、学生時代からの目標だった。教職課程において、ひとのアイデンティティは一〇歳のときに属していた文化に大きな影響を受けると聞いたからだ。

いまから三年半前、息子が一〇歳になったときには、舞台として、アフリカのタンザニアを選んだ。ふたりで見たアフリカの大地に沈む夕陽《ゆうひ》を僕は一生忘れない。

昨年、娘が一〇歳になった。息子に比べて体力がない娘にはアフリカはちょっときついかなと考え、オーストラリアの自然を選んだ。広大なアウトバックにそびえるエアーズロックを見に行こうと思っていたのだけど、真夏のエアーズロックは灼熱《しゃくねつ》で危険とのアドバイスを受け、断念。結局タスマニア島に行くことにした。アフリカのサバンナやオーストラリア中央部のような広大な風景はないが、豊かでやさしい自然がある。娘にはそっちのほうがなんとなく合っている気もした。

樹齢数百年と思《おぼ》しき巨木の森を歩き、途中野生のワラビー（小さなカンガルーみたいな動物）にも出会い、それなりに自然と触れ合うことはできたけれど、計画段階で下調べを怠ったため、街中滞在スタイルの旅行となってしまい、正直に言うと、タンザニア旅行に比べたらかなりしょぼかった。「これが地球だ」と言えるような風景には出会えなかった。そのセリフはまたの機会にとっておくことにした。

それにしても、同じ一〇歳で旅行をしても、きょうだいでスタイルが違う。息子と旅をしていたときには、男ふたりで「相棒」のような感覚を味わえた。こいつと二人ならどこへでも行けると感じた。しかし、娘との旅行では、僕はまるで尻に敷かれたカレシであった。「あ、あのお店見てみたい」「これ買って！」「もう疲れた。歩けない……」に振り回されっぱなしの八日間。とほほ。

国も時代も超える強烈体験

帰りの飛行機は深夜便。離陸前から娘は僕にもたれかかるように眠りについた。起こしてはいけないので僕は姿勢を変えられない。だんだん腕がしびれてくる。もぞもぞしている僕を見て、隣の若いオーストラリア人の兄ちゃんが、不思議そうな顔をする。僕は微笑みながら心の中でこうつぶやいた。〝This is what your father did.（キミのお父さんもこうしてたんだよ〟。そのとき、僕の中で何かがつながった。

幼いころ、父に連れられ、深夜の旅客船に揺られて伊豆《いず》七島の新島《にいじま》に旅したことを思い出した。「僕の父さんもこうしてくれたんだよな。国にも時代にも関係なく、これってずーっとくり返されてきたんだよな」。消灯され、真っ暗になったエコノミークラスの機内で、僕は壮大な宇宙を漂っていた。文明が始まる前の、猿か人間かわからないようなころの父親とも、いままさに地球のどこかでわが子に腕枕をしてあげているであろう父親とも、数百年後の未来の父親とも、時空を超えてひとつにつながっているような強烈な感覚に見舞われた。しばらく涙が止まらなくなった。

父と母、二人の「親」から僕が生まれた。たった一〇世代遡るだけでも一〇〇〇人の「親」が必要だ。三〇世代遡ると僕の直系の「親」の数は一億人を超える。無数の「親」が、腕のしびれもなんのその、冬の寒さにも飢えにも耐えて、子どもを守ってきた。だから僕はいまここにいる。隣のオーストラリア人の兄ちゃんにもまったく同じことが言える。自分自身がとてつもなく大きな命のネットワークの一部であることが実感として体の中を突き抜けた。ほとばしる「ありがとう」の思いを、小さな声にして、娘の寝顔に唱えた。

だって僕は父親だから

親であることを噛《か》み締めるごとに、僕は強くなる。どんな苦難にも立ち向かう勇気が湧いてくる。キミが望むなら、腕枕なんていつでもしよう。寒さにも飢えにも耐えてみせよう。たとえキミが世界中を敵に回しても、僕は最後までキミの味方であるだろう。必要ならばキミの盾になろう。〝Just because I am a father.（だって僕は父親だから）〟。それ以上の理由はいらない。

国も時代も関係ないところに子どもを連れて行きたい。僕はそう考えていた。しかし気づけば自分自身が、国も時代も関係ない時空を超えたところに連れてこられていた。結局のところ一〇歳の父子旅行で僕が伝えたかったことは、きっとこの感覚だったのだ。二〇年後、三〇年後、息子や娘が親になったとき、この旅を思い出し、いま僕が感じているのと同じことを感じてほしい。僕の願いはそれだけだ。この感覚があれば、国も時代も関係なく、きっとしあわせな人生を生きていけるから。いまの僕がそうであるように。

子どもが小さなときは、親として、あれもしてやりたい、これもしてやりたいと考える。しかし親をやればやるほどに、どれも瑣末《さまつ》なことに思えてくる。つくづく親は無力であり、にもかかわらず無敵であることに気づけるようになる。それでいいのだと、いまは確信している。

（「ＦＱ　ＪＡＰＡＮ」二〇一六年春号掲載）

第三章　君にマイクの声が聞こえたら

※この文章は、アンドリュー・ノリスの『マイク（原題Mike）』日本語版（最所篤《さいしょあつ》子《こ》訳、二〇一九年小学館刊）に「解説」として収録されたものです。作品を読んでいなくても内容は想像できると思うので、そのまま掲載します。逆にネタバレを含みますが、この文章を読んだあとに『マイク』を読んでも作品の良さが損なわれるものではありません。ヤングアダルト向けに書かれた小説ですが、多感な時期を迎えたお子さんをおもちの親御さんにこそ読んでほしい物語です。

〈物語のあらすじ〉

物語の主人公はフロイドという一五歳の少年。将来を嘱望されるテニス選手だ。試合に勝つたびに、ご褒美として父親に熱帯魚を買ってもらう習慣がある。父親もかつてプロテニス選手を目指していた。両親そろって全力でテニス選手としてのフロイドをサポートするが、フロイドにテニスを強いたことはない。ある日、フロイドの前にマイクと名乗る年上の青年が現れる。そしてたびたびテニスの練習や試合の邪魔をする。しかしフロイド以外にはマイクが見えない。フロイドは自分がおかしくなってしまったのだと思い、精神科のピンナー医師を訪ねる。フロイドはその後、自分がテニスよりも魚が好きであるという本心と向き合わざるを得なくなる。

世界的テニスプレーヤーの錦織圭《にしこりけい》選手を知っているひとは多いだろう。世界で最も有名な日本人の一人だ。そして、「さかなクン」を知っているひとも多いだろう。魚のかぶり物を頭につけて、「ぎょぎょ！」と言ってテレビに登場する、人気者の魚博士だ。

この物語は要するに、本当は「さかなクン」なのに自分の正体に気づかぬまま、小さなころからテニスの英才教育を受けて「錦織選手」になってしまった少年が、周囲の期待を裏切ってでもやっぱり「さかなクン」として生きることを選んだという話である。

君ならどうするか。

本当にやりたいことと周囲の期待に不一致が生じることが、人生ではたびたびある。そんなとき、いちばん耳を傾けるべきは誰の意見か。この物語はそれを教えてくれる。

この物語が真実の物語だというのは本当だ。著者のノリス自身が言うように、この物語で本当に起こったことは一つもないけれど、マイクは実在する。ノリスの言うように、マイクは男性とは限らないし、若いとも限らない、人間とも限らないけれど、誰の心の中にもマイクはいて、いざというときにだけ現れる。

なぜこうもはっきり言えるのか。私もマイクに会ったことがあるからだ。そうでなければおそらく、私はいまこの文章を書いていない。

「お前、誰？」って声が聞こえてきそうなので、少しだけ自己紹介。私はもともと雑誌の編集者として大きな会社で毎晩遅くまで働いていた。でも子どもが生まれて、子どもとの時間を大切にしたいと思い悩んだ。そのときマイクが現れた。私は会社を辞めて、個人として仕事をすることにした。当然収入は不安定になるが、「なんとかなる、なんとかする」と思えた。

そしていま私は、教育ジャーナリストとして、教育の現場を取材して本を書いたり、雑誌の記事を書いたりしている。だから君たちと同じくらいの子どもたちと接する機会が多い。君たちと同じくらいの年ごろの二人の子どもの父親でもあるし、小学校の教員をしていたこともある。心理カウンセラーの資格ももっている。それで、この本の解説を書くことになった。

話をもとに戻す。

この物語に出てくる登場人物を思い出してほしい。主人公のフロイド、その分身として現れるマイクが話の核である。ほかに、フロイドの両親、精神科のピンナー医師、テニスのライバルであるバーリントン、ダイビングパートナーで〈熊〉のあだ名のゴスタ、フロイドの祖母、海洋生物学者のラモント博士、ウォーターワールドのチーフ、そして恋人のチャリティ……。

さて、フロイドとマイク以外の登場人物のなかで、この物語におけるいちばん重要な役割を果したのは誰だと感じるだろうか。答えが浮かぶまで、しばらく本を閉じてみようか。

誰だった？　おそらくその登場人物は、いま君が君の人生において最も必要としている人物だ。主な登場人物が果たした役割を考えてみよう。

フロイドの両親は、完璧な両親だ。テニスプレーヤーとしてのフロイドに決して無理はさせず、常にフロイドの意思を尊重した。あそこまで意識的に自分を抑制できる親はそうそういない。

それでもフロイドは、痛いほどに両親からの期待を感じ、身動きがとれなくなっていた。親想いのやさしさゆえである。

また、そんな完璧な親でも、特に父親は、最後まで息子が世界的なテニスプレーヤーになるという夢を捨てきれないのである。意識的には完璧な親として振る舞えても、無意識のなかではどうしても親としてのエゴが抑えきれない場合は多い。それが親の性《さが》というものであり、それを責めることはできない。

親とはそれだけ切ないものであるが、その切なさを引き受けるのが親としての宿命である。それはあくまでも親にとっての課題であり、課題の解決を子どもに求めるのは筋違いというものだ。

精神科医のピンナー医師は、「マイクが見える」という突拍子もない話を初めから信じ、常に興味をもってフロイドの話に耳を傾け、フロイドの両親の気持ちも十分におもんぱかりながら、一方で一般的な大人の価値観をフロイドに押しつけることは決してしなかった。

注目すべきは、当初カウンセリングという形式でフロイドと会っていたピンナー医師が、途中から友人としてカジュアルな形でフロイドと会うようになったことだ。カウンセリングのテクニックが重要なのではない。精神科医でなくても、ピンナー医師のように話を聞いてくれて、気持ちに寄り添ってくれる大人は、君のまわりのどこかにも必ずいる。学校や塾の先生かもしれないし、親戚かもしれない。そんな大人に出会えたら、君の人生は鬼に金棒だ。

フロイドにコテンパンに打ちのめされるバーリントンは、フロイドと再会したとき、あの試合が人生の最悪の日であり、同時に最高の出来事だったと言った。もし今後君の人生にも「最悪だ！」と思うことがあったら、それがチャンスだ。そのあとの生き方次第で、最悪だったその日を、最高の出来事に変えられることをバーリントンは教えてくれた。

物語の中で、バーリントンという存在は、もう一つ大切なことを教えてくれている。テニスプレーヤーとして成功したバーリントンの姿は、あり得たかもしれないもう一人のフロイドの姿なのだ。例えるならば、バーリントンは「錦織選手」になることを選択し、フロイドは「さかなクン」になることを選択した。ふたりの人生を比べてみることで、ふたりとも正しい道を選んだことを確認できるわけである。

おそらく今後、バーリントンがテニスでスランプに陥っても、フロイドが海洋学者として地道に努力する姿を見れば、立ち直ることができる。逆にフロイドが人生の壁にぶち当たっても、バーリントンがウィンブルドンで戦う姿を見れば、勇気が湧いてくる。それがライバルであり、親友というものだ。

すべての登場人物に言及しているとキリがなさそうだが、チャリティについて触れないわけにはいかない。

のちにマイクの伴侶となるチャリティには、初めからマイクが見えた。それがすべてである。

フロイドがもしマイクの助言を無視してバーリントンと同じようなテニスのスター選手になっていたら、それこそモテモテの人生だっただろう。でも「有名人だから」「お金持ちだから」という理由で近寄ってくる女の子たちには、絶対にマイクは見えない。

物語の中では描かれていないのだが、フロイドにもチャリティの〈マイク〉が見えるはずである。チャリティにとっての〈マイク〉は女性かもしれないので、ここでは勝手に〈ジェーン〉とでも名づけよう。

チャリティが困難に陥ったとき、彼女の前にも〈ジェーン〉が現れる。フロイドは〈ジェーン〉の助言を信じようと、チャリティの背中を押すだろう。むしろフロイドは、

〈ジェーン〉が現れるまで、チャリティに対して余計なアドバイスをしないはずだ。それがいちばんの支援であることを、フロイドは自分の人生においてすでに学んでいるからだ。

お互いにそれができるのが、本当の人生のパートナーだということは、のちのちのために覚えておくといいかもしれない。君ももし、そういうひとに出会えたのなら、そのひとを心底大切にしなければいけない。

君の人生においても、これからさまざまな登場人物が現れて、さまざまな形で君を助けてくれるだろう。ただし、注意しなければいけないこともある。

たとえば、錦織選手とさかなクンのどちらにもなれるとしたら、君はどちらを選ぶだろうか。世界的な知名度からいえば、圧倒的に錦織選手のほうが有名だ。稼いでいるお金だって多いだろう。でも、どちらの人生が上等かなんて、誰も決められない。どちらの人生がしあわせかなんて、比べようがない。

なのに、「あのひとの人生は上等、このひとの人生はいまいち」などと、ひとの人生を勝手に比較して評価する大人は少なくない。どんな学校を出たとか、どんな会社に勤めているとか、どれだけ有名だとか、そんな〝モノサシ〟でひとを比べる。そしてその〝モノサシ〟を基準にして、本当に良かれと思って、子どもたちにアドバイスする。話はよく聞くべきだ。でも鵜《う》呑《の》みにしてはいけない。

ピンナー医師のような顔をして応援してくれる大人でも、「夢をもて」などと言ってくる場合はまゆつばだ。子どもが夢に向かって努力をしているのを見ると大人は安心するので、ついそういうことを言いたくなる。ただしそれは君の立場に立ってのアドバイスではなく、彼ら自身が安心したいために言っているだけだ。そういう大人に煽《あお》られても、自分の夢を無理やりねつ造してはいけない。そんなことをすると、ますますマイクが見えなくなる。

その点、ピンナー医師は見事だった。どうしたらいいかわからないというフロイドに、ピンナー医師は「君の年齢なら、たいていは自分が何をしたいのかなんて分かってないよ」と言うのである。それがまっとうな大人の助言であることを覚えておいたほうがいい。

また、もし君の親が「あなたのため」と言い出したら要注意だ。親のエゴが暴走を始めている可能性がある。それが子どものためだと思いながら、実は自分の不安や焦りを君に投影しているのだ。

この物語の中で、フロイドの親が「あなたのため」と言ったのは、初めて親子が本心をぶつけ合う、あの緊迫したシーンの一回だけ。それも母親がフロイドに、「お父さんはあなたのためにあんなに手を尽くしてきたのに」と、間接的に父親の気持ちを伝えたときだけである。

それ以外のシーンでも「あなたのためなのよ！」と言いたくなることが何度もあったはずだが、必死でこらえていたのだろう。それが賢明な親のスタンスだ。

実は最も気をつけなければいけないのが、偽のマイクの存在だ。いわゆる「悪魔のささやき」。本当のマイクと偽のマイクを見分けることは非常に難しい。コツを聞かれても、わからない。たぶんノリスも答えられない。ではどうするか。

できるだけ若いうちに、「これはマイクの声だ！」と思えるものには従ってみることだ。最初のうちは失敗の連続だろう。それは、本当のマイクの声ではなかったのだ。でも失敗をくり返すうちに成功の打率が上がってくる。そうやって本当のマイクの声を聞き分けられるようになっていくしかない。

若いうちにたくさん失敗の経験を積んでおけば、大人になってから、「悪魔のささやき」にだまされることが少なくなる。これは確かだ。

最後にもう一つ君に考えてほしい。

フロイドは、伝説に残るような勝ち方でテニス人生を終え、テニス選手としての自尊心を保ちつつ、沈没船を発見して一攫《いっかく》千金を成し遂げるという方法で、社会的な成功も手に収めた。ノリス自身が述べているが、そのあたりはいかにも「物語《フィクション》」である。

ではもしフロイドが、最後の試合でコテンパンにやられてしまい、しかも田舎の小さな水族館「ウォーターワールド」の職員として一生を終えることになったとしたら、彼の人生はハッピーエンドにはなり得ないのだろうか。

簡単には答えを出さないで、この本を閉じてからもしばらく、問いを問いのまま抱え続けてみてほしい。

第四章

『旅立つ息子へ』が描く親子に普遍の摂理

※この文章は、二〇二〇年に製作されたイスラエルの映画『旅立つ息子へ（英題 Here We Are)』の劇場用パンフレットに寄せた「解説」です。よってネタバレを含みます。この映画は、自閉症スペクトラムのある息子とその父親の物語ですが、すべての子煩悩な親にとって、胸がぎゅっとしめつけられ、そのあとじんわり温かくなる作品です。ＹｏｕＴｕｂｅに予告編が公開されています。

〈物語のあらすじ〉

自閉症のある息子ウリのためにキャリアも捨て、妻とも別れて、田舎町で暮らすアハロン。ウリには自分がいないとダメなんだと主張し、まわりからの支援を拒絶する。しかしいまも息子のことを心配する元妻の差し金で、全寮制の特別支援施設入所の手続きがとられる。安定収入がないアハロンに対し、裁判所も養育不適合の判断を下す。引き裂かれてはなるものかと、アハロンはウリを連れて逃避行に出る。しかし、行く当てのない旅先でアハロンは、意外にもたくましく成長した息子の姿に気づく。

子育ての本質は、親がいなくても子どもが生きていけるようにすることだ。つまり親の役割は、子どもにとっての自分自身の価値を日々減らしていくことだという逆説が成り立つ。「そんなに心配してくれなくても、もう大丈夫だよ」と言ってわが子が自分のもとを巣立っていく瞬間は親にとって、最も寂しくて最もしあわせな瞬間だ。これが子育てにおける「しあわせな逆説」である。

また、子どもを守るということは、両腕を広げて子どもの盾になることではない。自分がいなくても、わが子が自分の身を守れるようにしてやることだ。かといって、わが子がひとりで自分を守れるように鍛え上げる必要もない。親の代わりにたくさんのひととつながることができれば、社会ではなんとか生きていける。むしろ親として大切なのは、ひとは誰も、決してひとりでは生きていけないと教えることだ。

でもアハロンは、みんなの支援を拒絶した。ウリのことを愛し思いやることができるのは「私しかいない」と言い張り、ウリのために自分は「最善の選択をしてきた」と断言する。

作品中で妻・タマラとの別居の理由は明示されていないが、おそらく息子の養育方針の不一致であろう。他者の手を借りて息子を社会に適応させようとするタマラに対して、アハロンは自分の身ひとつで荒々しい世界から息子を守ってみせると意固地になったのではないか。

この決意を固めたとき、アハロンは「アハロン自身」として生きることをやめ、「ウリの父親」という役割に専念することを選んだ。「アハロン自身」を愛していたタマラが、家を出て行く選択をせざるを得なかったのも無理はない。

しかし離れてもタマラは、アハロンとは違う形で親の役割をまっとうしようとする。意固地なアハロンに対抗するべく、強引に、息子を施設へ入居させる手続きを進めてしまうのだ。このとき観客には、タマラが、仲良し父子の関係を引き裂く無慈悲な〝悪役〟に見えるかもしれない。しかし考えてみてほしい。このときタマラ自身に、〝悪役〟を演じるメリットは何もない。

ウリは、まったく異なる子育て観をもつ二人の親に、まったく異なる距離感からそれぞれに見守られて育てられてきたのである。期せずしてそれが、ウリの育つ環境の奥行きになっていた。夫婦の子育て観の不一致は、必ずしも子どもの育ちにおける不利を意味しない。

アハロンとウリの逃避行が始まる。自閉症スペクトラムのウリにとって、行き当たりばったりの旅なんて、パニックの連続でしかないと思われた。しかしそこでアハロンが見たのは、意外にもたくましいウリの姿だった。アハロンだけではない。ウリのことを一人では何もできない子と思っていた観客も、見事に裏切られる。逃避行がウリを成長させたのではない。ウリはすでに、親離れの準備ができていたのだ。

　アハロンに対して、施設の職員は「彼（ウリ）は子供じゃない」と言い、実の弟は「誰も（自分を助けに）来ないと言うために田舎に住んだくせに」と指摘する。図星だった。みんながウリのことを愛し思いやっているのに、その役割を独り占めしたのはアハロン自身だった。ウリが自分を必要としてくれなくなったら、ウリのためにすべてをなげうった自分の存在価値がなくなってしまうから。アハロンは無意識のうちにそれを恐れていた。

　自宅で父親と暮らすべきか、施設に入るべきか。「答え」はウリ自身が知っていた。でもウリはすべてを言葉にはしない。それはときにもどかしいが、ときにやさしい。

　ウリは、とてもウリらしいコミュニケーションの仕方で、それを父親に伝える。家に帰って星形のパスタを食べようと誘う父親に「僕はみんなと普通のパスタを食べる」と言うのだ。

　さらにウリは、これまたとてもウリらしい方法で、アハロンに感謝を伝える。ペンで描いたボタンを押して自動ドアの中へと吸い込まれていくその背中は、「お父さんが与えてくれた惜しみない愛情を糧にして、僕はこれからも生きていくよ」と語っている。

　この瞬間、親としてのアハロンが昇華する。

　親離れしたウリの背中を見届けたアハロンは、踵《きびす》を返して歩き出す。そして、ウリと歩んできたのとは別の方向へと目を向ける。アハロンもまた、子離れを果たし、いままでは違う人生を歩もうと決心するのだ。

結局のところこの作品が描いているのは古今東西の親子に普遍の二つの摂理である。一つめは、親とは、子どもを導く存在だと思われがちだが実は、常に子どもの成長から一歩遅れて成長する存在であること。二つめは、子育ての最善・最短ルートを模索する親は多いがむしろ、回り道こそが親子にとってのかけがえない宝物になること。

ウリの自閉症スペクトラムという個性と愛くるしさによって、観客の心情は見事にアハロンと同化させられてしまうのだが、冷静に考えると、アハロンの言動のほとんどは、はっきり言って過保護なダメ親の典型だ。

でも、ロボットのように完璧な親なんてつまらない。子どもの障害のあるなしにかかわらず、どんな親だって、親として一生懸命になればなるほど、多かれ少なかれアハロンのようになる。その姿こそが愛おしい。

ダメでいい、ダメがいい。だって親なんだもん。

第五章

ロサドさんの木工小屋
～A Man for Others～

学校の裏山にひっそりとある木工小屋

広島市内さらには瀬戸内海《せとないかい》までを見渡す丘の上に、広島学院《ひろしまがくいん》というカトリック系の男子中高一貫校がある。校舎の背後はワイルドな裏山で、正門には「イノシシ出没注意」の張り紙がある。校地と裏山を隔てる小川には、夏、ホタルが舞う。

体育館の脇を抜け曲がりくねった坂道を上がっていくと、生い茂る緑の中に隠れ家のようにたたずむトタン小屋が現れる。小屋のまわりは整理整頓されていて、その「住人」が几帳面《きちょうめん》であることがうかがえる。入口には「木工室」と小さな看板。しかし生徒たちが技術の授業で使用する作業小屋ではなさそうだ。

ただならぬ予感を覚え、胸が高鳴る。「ここは何ですか?」。校内を案内してくれる教員に私は尋ねた。「ロサドさんというカトリックの『ブラザー(Brother)』が、もう五〇年以上もここで学校のいろいろなものをつくってくれているのです」。

サッシ越しに中をのぞくと、小柄な老人のやさしい目が笑った。私は緊張していた。目の前の老人が、ただものではないと直感したからだ。

小屋の中には所狭しと木工道具が並んでいるが、どれも手入れが行き届き、整理整頓されている。作業台の上には何十もの木製ハンガーが並んでいた。一つ一つ木から削り出したお手製だ。まだ完成はしていない。翌年四月に入学する中学一年生に一つずつわたされるのだという。

五分ほど立ち話をして、私は小屋を出た。予感は正しかった。「ここにはまた来なければいけない」。私の心の中で、このときすでに一冊の絵本ができあがっていた。タイトルは『ロサドさんの木工小屋』。

広島学院は、原爆で傷ついた広島の街と人々を元気づけようと集まったイエズス会の神父たちによって、一九五六年につくられた。なかにはフィリピンで日本兵に父親を殺された神父や、沖縄で日本兵と命を奪い合う経験をした神父もいた。立場に関係なく、人類の愚かさと悲しみを乗り越えたいという思いがつまっている。

広島で原爆を体験したペドロ・アルペ神父はのちにイエズス会総長となり、一九七三年、世界共通の教育目標として〝Be Men for Others, with Others.(他者のために、他者とともに)〟を掲げた。日本では、上智《じょうち》大学を中心として、栄光《えいこう》学園、六甲《ろっこう》学院、上智福岡、そして広島学院の四つの中高一貫校が同じ理念のもとに教育を行っている。

教卓も下駄《げた》箱も本棚も手づくり

初めてロサドさんに会ってから数カ月後、私はロサドさんが暮らす庚午《こうご》カトリックセンターを訪れた。朝六時、辺りはまだ薄暗い。ロサドさんは真っ暗な聖堂の中にいた。六時半からミサが始まる。真っ白な祭服を着て現れた日本人神父が厳かにミサを執り行う。ロサドさんがそれをお手伝いする。薄暗いろうそくの灯《あか》りに映し出されるロサドさんの姿はなぜか、少年のように見えた。

学校までは車で約一〇分の距離。ロサドさんはスクーターで通勤する。小屋に到着すると奥の小部屋で作業着に着替える。扉の向こうから陽気な鼻歌が聞こえてきた。

この日は、クリスマスに飾る馬小屋の屋根に当たる部分をつくる予定だという。イエス様が生まれた夜を再現する馬小屋のミニチュアを毎年手作りして、広島学院と庚午カトリックセンターに飾るのだ。世界各国の建築様式をモチーフにして、毎年デザインを変える。今年は東南アジア風にするのだそうだ。

「いつも通りに作業をしてください」と伝えるが、私が話しかけるといちいち作業を止め、一生懸命私の質問に答えてくれてしまう。教員たちからは無口なひとだと聞いていたが、ところがどっこい饒舌《じょうぜつ》である。少年のような笑顔で、冗談ばかり言う。しかし、話のオチにたどり着く前に自分で笑い出してしまうので、オチが聞き取れない。根はラテン系なのだ。

ロサドさんの本名は、Manuel Rosado。一九四〇年、スペインのアンダルシア地方で、五人きょうだいの真ん中の三男として生まれた。

「うちはオリーブ農家でした。オリーブ畑とブドウ畑ばかりの田舎で育ちました」（ロ

サドさん、以下同）

一九歳でイエズス会に入った。イエズス会には「神父（Father）」と「ブラザー（Brother）」の二つの立場がある。ミサを執り行うことができるのは「神父」。「ブラザー」の役割は「祈り」と「仕事」である。ロサドさんはブラザーとしての人生を選んだ。

スペインでの修練中、日本から帰国した神父が見せてくれた八ミリフィルムに魅せられて、自分も日本に行きたいと志願した。日本に来たのは一九六四年。最初の三年間は鎌倉《かまくら》で日本語を勉強し、一九六七年、広島学院にやってきた。

当時まだ高価で入手困難だった理科実験器具を手づくりするため、広島県の施設でプラスチック加工やガラス加工の技術を学んだ。さらに同じくイエズス会の学校である六甲学院に当時いたメルシュさんというブラザーに三カ月間弟子入りし、学校用品をつくる木工技術も身につけた。

生徒がロッカーで使用するハンガーのほか、職員室にあるカウンターから各教室の教卓、図書館の本棚、生徒用の靴箱、学校内にある聖堂の祭壇にいたるまでなんでもつくってしまう。

「祭壇なんて買ったら一〇〇万円以上しますよ。でも私がつくれば材料費の一八万円ですみます」

生徒たちも、それらがロサドさんによる手づくりであることをよく知っている。だからみんな大事に扱う。「そもそももの自体が放つ存在感が違って、とてもぞんざいに扱おうなんて発想にならないんですよ」とある教員は補足する。

　数年前までは学校の中に修道会施設があり、ロサドさんはそこで暮らしていた。文字通り学校の「主《ぬし》」だったのだ。下校時刻になるとすべての教室の窓に鍵をかけて回り、校門を閉める。夕暮れどきに「窓閉めて！」「電気！」「早く帰れ！」というロサドさんの怒鳴り声が響くのが広島学院の場景だった。

　正課の授業を行う教員ではないが、学校では「ロサド先生」と呼ばれている。若いころは理科の実験助手やサッカー部の指導者としても働いた。小屋の壁には数十年前の〝ロサドコーチ〟の写真がある。ヒゲをたくわえており、いまよりもだいぶ厳《いか》つく見える。学校で映画を上映するために映写機取り扱いの免許も取得した。

　かつて、懲罰で丸坊主を科せられるという習慣があったころには、担任や顧問に「ロサド先生のところに行ってきなさい」と言われると、それはすなわちロサドさんに髪を刈ってもらうことを意味した。いまでも大事な試合の前にはチームそろってロサドさんに丸刈りをお願いする部活もある。一種の願掛けだ。

　近年まで、広島県廿日市《はつかいち》市の飯山《いいやま》に学校が所有するキャンプ場の管理人でもあった。目の前にある貯水池で生徒たちと遊ぶためにモーターボートの免許も取得した。しかし二〇〇一年の芸予《げいよ》地震で貯水池にひびが入り、水が抜け、さらに今年、その他諸々《もろもろ》の安全面の理由からキャンプ場は閉鎖されることになった。そのことを語るロサドさんはちょっと寂しそうだ。

年齢のせいもあり、いまでは生徒との関わりがだいぶ少なくなっている。それでも、いや、だからこそなお、ロサドさんの存在感はますます神聖でどこかミステリアスなニュアンスを醸し出している。

生徒ばかりでなく教員までもが尊敬する

生徒たちにとってロサドさんはどんな存在なのか、「カトリック研究会（通称：カト研）」の数人に聞いてみた。カト研とは、地域ボランティアなど奉仕活動を体験することを通して聖書の言葉の意味を深く理解することを目的とした同好会である。

「ある意味、神格化、象徴化された存在」（生徒、以下同）

「気安く話しかけられる感じではない」

「ひととしての次元が違う。僕らが知らない壁を越えているのだと思う」

「老いを感じさせない力強さがある。精神的な強さだと思う」

「常に他人のために何かをしている印象。自分のための時間はあるのかな？」

「学院らしさを守ってくれる存在」

「〝Be Men for Others, with Others.〟を自然に日常的に体現している理想像」

「こういう生き方を目指すべきというひとつの正解かもしれないと思う」

すっかりロサドさんのファンになってしまった私は、いちいちうなずくばかりである。でも畏怖の念を感じながら同時に憧れを抱いているのが、生徒たちの表情からわかる。

これは、カトリックの精神を体験的に学んでいるカト研のメンバーだからこその感受性かもしれない。そこで校内でたまたま見つけた生徒たちにも聞いてみた。「ロサド先生って、どんなひと？」。

「当たり前のようにいつもいてくれる。いてくれるだけで安心感がある」

「みんなから尊敬されている。気軽に話しかけられる雰囲気ではない」

「普通の先生とはちょっと違う存在感がある」

口調のなかに、親しみと畏怖の念の両方が共存している。

広島学院の卒業生でもある三〇代の教員は、「自分たちが生徒だったころから、このひとにはかなわないという思いがあって、ロサド先生に反抗するひとはいませんでした」と証言する。副校長は「生徒たちはロサド先生のことをむしろ自分たちの味方だと感じていると思います」と説明する。

国語科のある教員は就職活動中、ロサドさんの存在を知り、ロサドさんに憧れて広島学院への転職を決めたという。「生活がスマートなんですよ。お昼ごろに小屋を訪ねると、質素な食事をおいしそうに召し上がっていて、それがかっこいい。生徒たちもそれをかっこいいと感じていると思います」。

現代社会において、誰しもがロサドさんのようになれるわけではない。でも、「ああなりたい」と思えるような存在が日常のなかにいることは、教育の場においてとてつもなく大きな意味がある。副校長は「ロサド先生の存在が、生徒たちだけでなく教員の意識の中にも溶け込んでいる」と表現する。

数々の教育現場を取材していて私が「すごい」と感じるのは、まさに何か尊いものが子どもの中に溶け込んでいくのを目の当たりにしたときだ。そこに教育という営みの真髄があるのだと私は信じている。

「職員会議などにも参加してくれますが、自分から何かを主張されることはありません」と副校長。卒業生でもある教員は「Men for Othersを背中で語る生き方をされています。教員たちも、ロサド先生を見習わなければいけないと日々感じています」と言う。

先の国語科の教員が言う。「私は書道を教えています。生徒たちの作品を集めるための提出箱を、ロサド先生にお願いしてつくってもらいました。少しでも乱雑に置こうとすると半紙が入らないように、ぴったりのサイズでつくられていました。半紙を置こうとするたびに生徒たちは、ロサド先生からのメッセージを感じるはずです」。

木札に込められたメッセージとは？

「いやー、実は私、学校の鍵につける木製のふだを三〇個くらい預かっているんですよね。職員室のキーケースの中の鍵についているふだの形がバラバラで、壊れているものも多く、ふだに書かれた文字もほとんど消えかかっているので、ロサド先生がぜんぶ形がそろったきれいなものを鍵の数だけつくってくれたんです。こちらからお願いしたわけではないのですが。いただいてからもう何カ月もたつのですが、まだ付け替えていなくて……」と副校長。

「なぜですか？」と私。「体育館の鍵のふだはあの形だとか、裏の倉庫の鍵は半分割れたふだだとか、ふだに書かれた文字が消えかかっていてもわかるので、いまのままのほうが便利なんです……」と副校長。

しかし、自分から何かを主張することのないロサドさんが頼まれてもいないのにそれをつくったということは、何か意味があるに違いない。私はちょっと思考を巡らせてから、たいへん生意気なことを言わせてもらった。「それはもしかして、〝慣れと惰性に甘んじていないか。毎回緊張感をもって確認しているか。そうでないといつか大変なトラブルを起こしかねないよ〟というロサドさんからのメッセージではないでしょうか」。

長年職員室にいる教員にとってはたしかに慣れ親しんだもののほうが使いやすいのだろう。しかし慣れは油断を引き起こす。鍵の開け閉めというセキュリティー上重要な仕事を慣れが支配するのは危険である。

三〇以上もある同じ形の木札のなかからそのときどきに必要なものを見つけ出すのはひと手間かもしれない。でもそのひと手間がそのたびにかすかな緊張感をもたらす。一見ぜんぶ同じに見えるからこそ、キーケースの中のどこに何の鍵を収めるのかを決めて常に整理整頓をしておかなければならないという気にもなる。それが丁寧に生きることだと私は思う。

さらにはこんなメッセージも込められているかもしれない。「身内だけに通じる閉鎖的なコミュニケーションに頼っていてはいけない。自己中心的な視点で物事を見てはいけない」。現状のしくみは慣れている教職員には使いやすくても、新しい教職員には使いにくいシステムである。たとえばキーケースからいち早く必要な鍵を取り出さなければいけない緊急事態に、ふだの形を知っているひとがその場にいるとは限らない。何でも真新しくすればいいというものでもない。実際ロサドさんは古いものを大事に使う。しかしそれは手入れをしてこそである。手入れもされず壊れかけたものを使っているほうが便利だと感じるということは、外から客観的に見ればそのシステム自体が壊れかけているということである。

学校とは慣れや惰性が強く働く組織である。それにはいい面もたくさんある。でも、客観的な視点を欠くと自己満足に陥りやすい。教員たちの気のゆるみを、職員室のキーケースに並ぶボロボロになった不揃《ふぞろ》いなふだに見出《みいだ》したのではないか。

当たっているかどうかはわからないが、私が勝手にロサドさんの気持ちを想像して代弁すると、「あっ、そういうことですね！　しまった……。すぐにふだを付け替えるようにします」と副校長は苦笑いした。

態度で示す「自由」「非凡」「威厳」

ロサドさんは毎朝四時半に起き、ミサの前に一時間祈る。六時半からミサ。朝食をすませ、七時二〇分には小屋に出勤する。八時二五分から職員朝礼に参加。そのあとは夕方五時まで小屋で黙々と作業を続ける。六時から夕食。食後は読書などをしてすごして、夜九時には床につく。

「おがくずまみれになるし、体力は使うし、夏は暑いし。こんな仕事、やりたくないですよ。大嫌いですよ」（ロサドさん、以下同）

　大笑いしながらうそぶく。

「でも誰かに必要とされている。誰かが喜んでくれる。そう思うからやっぱり仕事は楽しい。仕事が好きです。その場所に合うものができたとき、うれしい。草刈りをすれば場所がきれいになる。うれしい。ただそれだけでいい。誰かに褒められたいなんて思いません」

　そんなつつましやかな生活をもう五〇年以上も続けていることに、教員たちも生徒たちも非凡さを感じとっている。

「ずっと仕事をしているわけではありません。こうしてときどきお茶を飲んだり、読書をしたりして休憩します」

　宇宙や地球についてのサイエンス系の本を読むのが趣味だという。魔法瓶に烏龍茶《ウーロン》のティーバッグを二つ入れ、コーヒーカップですする。

「うーん、おいしい！　小屋の周辺の草刈りをしたりそうじをしたりすることもいい気分転換になります。あ、これはね、小鳥のエサ」

　そう言って、小さな瓶に入れられた小さな木の実を見せてくれた。小屋の外には小鳥にエサをやるための台がある。もちろんロサドさんの手づくりだ。小屋の中には世界各地の絶景を写したポスターが貼られている。

「見ているだけで楽しいから」

若いころには、イエズス会の研修制度を利用して約一年間広島学院を離れアメリカの大学で学んでいたこともある。

「グランドキャニオンの絶景にはびっくりしましたねぇ。生徒たちといっしょに行った一九七〇年の大阪万博も面白かった」

スペインにはどれくらいの頻度で帰っているのか、次はいつ帰るつもりなのか。

「かつては十年に一度くらいのペースで帰っていましたが、バルセロナ・オリンピックが行われた一九九二年に戻ったのが最後です。オリンピックは見ませんでしたが、セビリア万博を楽しみました。いまはいちばん下の妹がフランスに住んでいますが、それ以外の家族はもう亡くなっています。だからもう生まれ故郷に帰りたいとは思わない。このままでいい」

ロサドさんは携帯電話もパソコンももっていない。

「Eメールを使わなくても手紙があります。携帯電話がなくても電話ならそこにあります」

そう言って、小屋の片隅に置かれた内線電話を指差す。一事が万事そんな感じなのである。いかなる世俗的な価値観にも惑わされない。時間と空間さえも超越し、常に身近に愛としあわせを感じながら生きている。欲張らなくても、大事なものはすでにすべて自分の心の中にあることを知っている。自由だ。

ときどき生徒たちが小屋にやってくる。私がいたときも、生徒の一人が「またバットをつくってほしいんですけど……。このまえつくってもらったのが折れちゃって」と入ってきた。野球部員ではない。休み時間に校庭で遊ぶために使うバットまでロサドさんの手づくりなのだ。

台風で倒れた木を手ごろな長さに切り乾燥させておいたものがあった。「この木は硬くてちょうどいいから、これを使いましょうか。でもいまは（お客さんが来ていて）忙しいからまたこんど来なさい」と言って追い返してしまった。バットをつくるところは私も見てみたかったのだが……。

部活で気合を入れるためでもなく、ただ単に丸刈りが好きだからという理由で二週間に一度、ロサドさんに丸刈りにしてもらいに来る生徒もいる。まるで「ロサド理髪店」である。かつては放課後にスペイン語を習いに来る生徒もいた。本当に「なんでも屋さん」である。

私はふと思った。ときどき小屋を訪れる彼らは、バットをつくってもらいたいとか、髪を切ってもらいたいとか、スペイン語を教えてもらいたいとかいうのはただの口実で、ロサドさんの笑顔を拝みたいだけではないか。そうすると安心できるのではないか。

卒業生でもある教員は「カトリックのブラザーのことをこんなふうに言うのはおかし

いかもしれませんが、いつでも上のほうから学校を見守ってくれているお地蔵さんのような存在なんです」とロサドさんを称する。「お地蔵さん」とは言い得て妙である。決して威張らず、親しみやすく、ただつつましやかにそこにいる。いてくれるだけで心がほっとする。それでいてどこか神聖で威厳があり、ちょっぴり頑固な感じもする。

言葉は飛んでいってしまうが、行いは残る

この日のランチは、フランスパン四切れとリンゴ一個と干しブドウ。トースターで温めたフランスパンにクリームチーズを塗りながら、ひと口かじる。

「おいしい。贅沢な食事ですね。こんな食事が毎日食べられるなんて恵まれています。世の中にはもっと少ない食事で暮らしているひとがたくさんいます」

広島学院に来てからの五〇年間で世の中は大きく変わった。

「テレビはカラーになりました。広島まで新幹線が通りました。一方で、雨の降り方が変わっています。台風が年々威力を増しています。海は汚れました。世界ではいまも五秒に一人が飢餓で亡くなっています。貧富の差はなくなりません。そこから敵対心が生まれています。なぜ核兵器なんて愚かなものをいまだにつくっているのでしょうか」

ロサドさんの目にかすかに、怒りとも悲しみともつかない光が灯《とも》った。世界は豊かになっているというけれどむしろ危なくなっているように感じると嘆く。

「一人一人が正義と平和のためだけに働けばいいのに。学校では、ひとを赦《ゆる》すこと、愛

することが、尊敬することを教えなければいけません。それが〝Men for Others〟の精神です。子どもたちには命の大切さを知ってほしい。ひとは死んだらおしまいじゃありません。魂があります。神様は善だけを望んでいます。それに気づいたとき、誠の喜びと楽しさがわかります。でも日本人も、もともとそういう考えをもっていると思いますよ」

ここでいう「命」とは、単に生命という意味ではない。ひととしての尊厳や生きる喜びそのものを含んだニュアンスがある。もちろん自分の命だけでなく、他人の命も含んでいる。

――学校の変化をどう感じるか。

「昔の生徒たちは勉強とスポーツだけで閉鎖的でした。でもいまの子どもたちは開放的です。インターネットやパソコンのおかげで、世界のことをよく知っています。英語も上手です」

――いまの生徒たちに伝えたいことは何か。

「正義を学び、守り、平和のために働いてほしい。真理と嘘を見分ける力を身につけてほしい。ひとを赦すことを学んでほしい」

――日本に来た目的は何だったか。

「誠の道、すなわち福音を伝えるためです」

――目的は達成できているか。

「態度で伝えたいと思っています。言葉は飛んでいってしまいますが、行いは残りますから」

――今後の目標は何か。

「できる限りこの仕事を続けることです」

私とのおしゃべりで、この日はほとんど作業が進まなかったはずだ。夕方五時ちょっと前に私は小屋をあとにした。

現実の世界に現れた絵本の主人公

ひとは威張っているひとに威厳を感じるのではない。善なる行いをするひとに威厳を感じるのである。非凡とは他人ができないことを成し遂げることではない。誰にでもできる平凡を継続することこそが非凡なのである。自由とは誰かから大きな許可を与えられることではない。世界との向き合い方を自分で決める生き方こそ自由である。

たった一日であったが、ロサドさんの言動の一つ一つから、そんなことを学んだ。広島学院の生徒たちは、毎日それを当たり前のように学んでいる。そして自然に〝Men for Others, with Others〟の精神を身につけていく。自分では気づかないだろうが、確実に生徒たちの命に染み込んでいるはずだ。ロサドさんはこの五十余年でおよそ一万人の生徒を送り出したことになる。

私の好きな絵本に『木を植えた男』（ジャン・ジオノ＝著、フレデリック・バック＝

絵、寺岡襄《てらおかたかし》＝訳、あすなろ書房）がある。数十年間にわたって山小屋に住まい、荒れ野にどんぐりを植え続けた偉大な名もなき老人の話である。引用する。

　ところで、たった一人の男が、
　その肉体と精神をぎりぎりに切りつめ、
　荒れはてた地を、
　幸《さきわ》いの地としてよみがえらせたことを思うとき、
　わたしはやはり、
　人間のすばらしさをたたえずにはいられない。
　魂の偉大さのかげにひそむ、不屈の精神。心の寛大さのかげにひそむ、たゆまない熱情。
　それらがあって、はじめて、すばらしい結果がもたらされる。
　この、神の行いにもひとしい創造をなしとげた名もない老いた農夫（原文ママ）に、
　わたしは、かぎりない敬意を抱かずにはいられない。

全世界に感動をもたらしたこの名作の主人公エルゼアール・ブフィエは私のヒーローだ。ただし、架空の人物だ。でも、マヌエル・ロサドは実在する。
今日も広島学院の裏山で、ときどきお茶をすすりながら、小鳥たちにエサをやり、木

を削っている。嵐で大木が倒れれば、生徒たちが登校する前にチェーンソーで細切れにして撤去する。中学入試の日に雪が降れば、受験生の通り道をきれいに除雪する。その姿が、人類が自ら発明した愚かな兵器によっていちどは荒れ果てた広島の地で、約一万人もの前途有望な少年たちを〝Men for Others, with Others〟に育ててきた。しかもそれが言葉に頼らずに、生活のすべてをかけた態度によってなされてきたことに、底知れぬ畏怖の念を禁じ得ないのである。

ユーラシア大陸の西の果てから東の果てへとやってきた青年が七九歳の老人になるまでの歳月を経てなお継続する名もなき偉業を思うとき、そしてその小柄な肉体を支える魂の偉大さを思うとき、限りない敬意を抱かずにはいられない。同時に、人間のすばらしさを讃《たた》えずにはいられない。私はついに、〝リアル〟ブフィエを見つけたのだ。

それにしても不思議なのは、なぜ私たちはロサドさんのような人物とその生き方にこれほどまでに感銘を受けるのかということである。私たちにはもともとそのような審美眼が備わっているのではないか。生徒の一人が話してくれたように、これが私たちの目指すべき生き方であるということを本能的に知っているのではないだろうか。

二一世紀は、競争ではなく共栄の時代だといわれている。だとすればロサドさんのようなひとを育てていくのが、これからの教育の使命ではないのか。真にグローバルな時代、ＡＩが発展する時代に必要とされるのは、むしろロサドさんのようなひとか、少なくともロサドさんの魅力がわかるようなひとではないか。しかしいまだに「これからの時代に勝ち残るために必要な最先端のスキルを獲得するには……」という競争の文脈で教育が語られがちだ。それでいいのだろうか。それこそ時代遅れの発想のように私には感じられる。

ＧＡＦＡ（Ｇｏｏｇｌｅ、Ａｍａｚｏｎ、Ｆａｃｅｂｏｏｋ、Ａｐｐｌｅ）のような最先端のグローバル企業で活躍するひともちろんすばらしい。「経済」がそのようなひとたちを必要としているのは間違いない。一方で、「時代」が必要としているのは、ロサドさんのようなひとではないだろうか。このようなことを言うと「危機感が足りない」「お花畑的発想」などと批判を受けそうなこのご時世ではあるが、私は言い続けたいと思う。今回、ロサドさんにその勇気と確信をもらった。

六〇周年にふさわしい神様からの贈り物

二〇一九年一〇月三一日にはロサドさんがイエズス会に入って六〇周年を迎えた。学校の教員たちから二つのプレゼントが用意された。

一つは、オリーブとレモンの木である。ロサドさんが暮らす庚午カトリックセンターの庭に植えられた。「何かをいただけるのなら、ずっと残るものがいい」というロサドさんの願いを受けて、スペインのアンダルシア地方にちなんで教員たちが選んだ。「ロサドさんのオリーブ」「ロサドさんのレモン」として、ずっと語り続けられるだろう。

もう一つは、東京への往復切符である。一一月二六日、三八年ぶりに来日するローマ教皇が、上智大学内にあるクルトゥルハイムと呼ばれる小さな聖堂で、イエズス会の関係者だけのプライベートなミサを執り行う予定になっていた。現在の教皇フランシスコは、歴史上初めてのイエズス会出身の教皇なのである。そのミサに参加してもらうために、寄付を集めた。

私がロサドさんの小屋をあとにしたおよそ二週間後、広島学院の教員からEメールで写真が届いた。そこには教皇フランシスコと握手しながら談笑するロサドさんが写っていた。教皇フランシスコはアルゼンチン出身。ロサドさんとはスペイン語が通じる。ロサドさん、きれいに散髪しネクタイとスーツで決めてはいるが、またしても笑顔は少年のようである。

自分の名誉などひとかけらも求めたことはなく、イエズス会に六〇年間もの長きにわたってただ純粋に仕えてきたブラザーにとって、これ以上の光栄はないだろう。

教員からのEメールには次のように書き添えてあった。「やはり、神様はいい人にお恵みをくださるようです」。学院関係者はもちろん、ロサドさんを知るみんなが、この写真を見て心の底から感動を覚えたはずである。

その感動を少しでも、みなさんと共有したい。この記事は、私からのささやかなクリスマス・プレゼントのつもりである。この世界に愛され、この世界を愛す、すべてのひとへ……。

メリー・クリスマス！

いまごろ広島学院内の聖堂には、イエス様の誕生を祝う東南アジア風の馬小屋が、美しく飾られていることだろう。

（二〇一九年一二月二五日Ｙａｈｏｏ！ニュース掲載）

あとがき

ずいぶんと忘れてしまうものだな……。それがいまの感想です。

かつて自分が書いた一三〇本以上のエピソードを読み直して、すっかり記憶の彼方《かなた》に置き忘れていた思い出を取り戻しました。アルバムをめくり返しても思い出せない、親子の心と心のふれあいの感触が甦りました。原稿を整理しながら、何度も落涙しました。文章に残しておくって、大切ですね。

当時は自分でも必死だったのですが、こうやってふりかえってみると、ほんと、ダメダメでしたね。自分勝手で気分屋で、陶酔系のパパでした。お金で解決しすぎだし。いまならもうちょっとましなパパをできるような気がします。まあ、親の成長って、そんなもんですよね。子どもの成長を追いかけるようにして、あとから親も成長する。それがいまの実感です。

いまもうひとつ思うのは、そしてこれが本書をリバイバルした理由なのですが、新米パパとしてチビやヒメとすごした時間のなかで、「子どもはどうやって学ぶんだろう？」「子どもが成長するってどういうことなんだろう？」「そのために大人たちにできることって何だろう？」という問いが私の中に大量に溜まっていったんだなということです。それが私の数々の著作の原材料です。

たとえば第一部・第三章の「公園は大自然だ！」なんて、二〇二一年の『ルポ森のようちえん』（集英社新書）のメッセージそのものです。

『ルポ名門校』（ちくま新書）をはじめ、たくさんの学校を取材してきましたが、一方で『不登校でも学べる』（集英社新書）を著すことで、学校の限界にも気づきました。いまの学校は多機能になりすぎているので、分解して、各機能をもういちど社会に戻していく必要があるのです。

そこで自分にできることは何かと考えたときに、駄菓子屋さんになることをひらめきました。若いころは教員に憧れて、いつか自分の学校をつくれたらいいな、なんて妄想までしていましたが、巡り巡って、駄菓子屋さんのおじさんのほうが自分には向いていることに気づきました。

その発想の原点は、やはりチビやヒメとの駄菓子屋さん体験にあります。

仕事を通じて、子育てについて、教育について、知れば知るほどに、また、親をやればやるほどに、親にできることってほとんど何もないんだなという、爽やかな無力感を覚えるようになりました。

考えてみれば当たり前です。子育てって、子が親を必要としなくなるように仕向けていく営みなんですから。

そもそも私は教育学の権威でもなければカリスマ教師だったわけでもありません。ましてやわが子を続々と最難関大学に合格させたなんて経験はないし、そこには興味がありません。そんな私がなぜ教育を語っているのか。なぜこれまで八〇冊以上もの本を書いてきたのか。私にも謎です。

自分のプロフィール原稿をつくるときいつも、書くことがなくて困るんです。「なんでこいつが教育を語ってるんだ？」という問いに答えるだけの学問的あるいは実践的バックグラウンドが、私にはないんです。その意味で本書そのものが、私の、超長い著者プロフィールなのだともいえるかもしれません。「私はこういう者です」という自己紹介です。

というわけで結局のところ、私はどこにでもいる、ただの子ども好きなおじさんです。そんな何でもない立場から、私はただ、純粋な興味で、教育の現場を観察してそれを記述しているだけです。

だいぶおこがましいですけれど、『シートン動物記』や『ファーブル昆虫記』を読むような気分で、私の本を読んでもらいたいと思っています。シートンやファーブルが生き物たちの命の営みを観察するのが大好きだったように、私は、教育現場における命の営みを観察するのが大好きな、いわば「教育観察者」です。

みなさんの代わりに歩き回って、のぞき込んで、記録する。私のことは、そんな「記録係」だと思っていただければ幸いです。だから、私の本をいくら読んだって、「答え」なんて書いてありません。そこを期待されても困ります。「答え」はきっと、みなさんの中にあります。私の本はそれを引き出す、せいぜい「ヒント」にすぎません。

さて、「まえがき」でも述べたように、本書の構成は時系列がバラバラです。前から順番に読んでいくと、途中でチビやヒメが大きくなったり小さくなったりします。僕の職場が外の事務所だったり自宅だったりします。僕の母が生きていたり、亡くなったあとだったりもします。

時系列がわからなくても話の理解に支障はないはずなのですが、一応ここで整理しておきますね。いわば、超長い著者プロフィールのさらに前段部分です。

中学生のころだったと思います。なんとなく教員に憧れました。正直言うと楽そうに見えたからです。自分の好きなことを学んで、それを子どもたちに教える。いいじゃないですか。

高校生くらいになると、世の中に対して自分に何ができるかなんてことを考えるようになります。世の中を変えるなら、政治？　いや、政治には即効性はあるけど持続性は弱い。一〇〇年かかっても一〇〇〇年かかってもいいから、理想の世の中をつくっていくためには、教育のほうが着実なんじゃないかなんてことを青臭く考えました。するとやっぱり教師だと。そのころは「教育＝教師になること」しか結びつきませんでしたから。

帰国子女でもなんでもないですけど、たまたま英語が好きだったので、英語の教員になろうと思って、外国語学部がある大学を選びました。

プロフィールに「中退」ってあるので、よくここ、聞かれるんですけど。要するに現役のときに落ちた大学に仮面浪人しただけです。仮面浪人するつもりはなかったんですけど、いろいろ思うところあって、親にも内緒でもういちど受けてみたら受かっちゃったんで、「実は……」って感じで親にお願いして。

父親にはずいぶん反対されましたけど、噂《うわさ》を聞きつけた隣の家のおじさんが一升瓶を抱えてうちに乗り込んで来て、「トシくんがそこまでしたんだから」って、父親を説得してくれました。恩人です。

かといって、大学ではアメフトばっかりやって、ろくに勉強しませんでしたね。外国語学部なのに留学もしなかったし。

でも、教員免許は取りました。教員になるつもりでした。ただ、いざ就職について考える段になって、教壇に立つのが怖くなりました。英語は教えられるかもしれない。だけど自分は社会のしくみをなんにも知らないじゃないかと思ったんですね。

それで数年だけでいいから、一般企業で勉強させてもらおうと、非常になめ腐った動機で就職活動を始めます。そこでご縁をいただいたのがリクルートでした。非常識な私は「数年経ったら教員になります」と宣言して内定をもらいます。のちに人事担当の方からは「おおた君の、大学を変えた話がインパクトがあってね」と教えてもらいました。それだけ、損得勘定からかけ離れた、バカな選択だという意味です。でもそれが功を奏したのです。

リクルートでは『エイビーロード』という海外旅行雑誌の編集部に所属しました。当時のリクルートを代表する名物編集長の下で編集を学ぶことができました。そのときにたたき込まれた〝イズム〟は、いまでも私にとっての〝武器〟です。この武器がなければいま〝この世界〟に生き残っていないと思います。武器を授けてくれた編集長は、一生頭が上がらない恩人です。

気づけば仕事が面白くて、教員になることはすっかり忘れてしまいました。

二〇〇一年の春に、同じ編集部の先輩と結婚しました。その年の八月に、父が五四歳の若さでくも膜下出血で倒れました。一命はとりとめましたが、脳の損傷が大きく、頭蓋骨を外したままの状態で一年半もすごさなければなりませんでした。壮絶な姿でした。人工頭蓋骨をはめても、半身麻痺《まひ》や高次脳機能障害などの重い後遺症が残り、要介護者になりました。

父が入院しているその病院で、チビが生まれました。母は父の介護につきっきりですから、チビの子育ての手伝いなんてできません。私は一日一九時間も会社にいるような生活で、頼れる身内も近くにいない状態での子育ては、妻には大きな負担だったと思います。

約八年勤めて、リクルートを退職します。理由はいくつかありますが、最大の理由は、子どもができたからです。「まだ子どもが小さいのに、よく辞める決断ができたね」と、当時いろんなひとから言われましたけど、私の場合は逆でした。二〇代は仕事一辺倒の生活でしたが、子どもができたんだから、ライフスタイルを変えなきゃと思ったんです。いま子どもといっしょにいられなかったら、一生後悔すると思って。父の大病も私の判断に影響を与えていたかもしれません。いつ死ぬかわからないって。

「そうだ、もともと教員になりたかったんだ」と思い出していろんな学校に履歴書を送ってみましたが、三〇歳をすぎて未経験だと、当時はほとんど書類で落とされました。ごくわずか、面接してくれた学校でもダメでした。そこで、編集者として身につけたスキルを活《い》かして、フリーのライターになる決断をします。

生活が不安定になる恐怖は当然ありました。でもまだ若かったから、日雇いの肉体労働をしてでも、日々の糧を得ることくらいはできるだろうと思いました。年をとればとるほどそれが難しくなるから、決めるなら早いほうがいいと思って、決めました。二〇〇四年の秋に有休消化に入り、フリーランスとして活動する準備を始めます。二〇〇五年一月末付けで正式に退社しました。

最終出社日に、フロアでのあいさつを終えて社屋を出たとき、夕暮れ時の空がとてつもなく高く見えて、足がすくんだのをいまでもよく覚えています。とんでもない宇宙に、たった一人で出てきちゃったぞという恐怖です。

でもそれは杞憂《きゆう》でした。辞めたひとにバンバン仕事を外注するのがリクルートの文化です。「おおたくん、会社辞めたんだって？　だったらうちの編集部の仕事もやってよ！」と、リクルートのいろんな編集部のひとたちが声をかけてくれました。私、そんなに「いいやつ」ではないんですけど、きっと編集者としての腕は買われていたんです。古巣にも感謝しています。

リクルート時代に取り引きのあったデザイン会社の社長さんからは「おおたくん、退職するんだって？　事務所はあるのかい？　なければうちの会社の机を使っていいよ。その代わり、うちの仕事も手伝ってくれないかい？」なんてありがたい申し出を受けて、高速ネット回線もカラーコピー機もある最高の仕事環境を得ることもできました。その社長が、第一部・第八章に出てくる「シャチョー」です。このひとも私にとっては恩人です。

こうしてフリーランスとして順調なスタートを切ることができたのは、とてもラッキーなことでした。最初から、仕事を選ぶことができました。そこで徐々に教育分野の仕事を増やしていきました。長いこと忘れていましたけど、よく考えてみると、やっぱり教育が自分の最大関心事だったんですね。

毎月レギュラーで一〇ページの第三特集をまかせてくれていた某教育誌の編集長は、これまたその出版社で怖《おそ》れられるほどの名物編集長でした。

原稿をメールで送ると、半日くらいで、真っ赤になって返ってくるんです。ときには一ページぶんまるごとバッテンとか。でも、すべて理にかなっていて、すごく勉強になりました。OKが出るまで三度でも四度でも書き直します。まるでライター養成講座の添削サービスです。ギャラをもらってそこまでしてもらえるんですから、そんなおいしい仕事はありませんでした。

あのときの指導があったからこそ、かろうじて読んでもらえる文章が書けるようになったのだと思います。私は二つめの〝武器〟を手にしました。あの編集長も、私にとっての恩人の一人です。

こうして、当面の生活は維持していけそうだと算段は立ちました。でも、雑誌やウェブのライターの仕事は、ページ単価です。ということは、売上を維持しようと思ったら、単純に体力勝負なんです。そして、自分の体力はこれから落ちていく一方であることは明らかです。

そこで、四〇歳までに自分の名前で書籍を出せるようにならなきゃと考えました。本書の元本である『パパのネタ帖』（赤ちゃんとママ社）を含め、最初の二冊は鳴かず飛ばずでした。そうなると三冊目を出すのは非常に困難になります。

何種類も企画書をつくって、何十社もの出版社に凸電して、ことごとく玉砕しました。でも、雑誌編集で深く関わっていた出版社の書籍担当者さんに、ほとんど義理で拾ってもらえた企画書が、二〇一一年の『男子校という選択』（日本経済新聞出版社、現・日《にっ》経《けい》ＢＰ）になりました。これがそこそこ売れて、そこからはおかげさまで書籍ばかり書いています。

ただし、ぽーんと何十万部のベストセラーを出せるようなキャラでないことは、自分がいちばんよくわかっています。そこで、「一〇〇冊書いて一〇〇万部」を目標に、とにかく書き続ける覚悟を決めました。こんな自分でも、一〇〇冊書けば、ベストセラー一冊分くらいの価値にはなるだろう、一〇〇冊書けば、何かが見えてくるだろうと考えました。

逆に「一発を狙って奇を衒《てら》うような本は書きません。着実に二万部をクリアすることを狙って書きます」と出版社には宣言しています。ホームランじゃなくて、シングルヒットを積み重ねて打席に立ち続ける戦略です。二万部だってときどきしか達成できないんで、実際は内野安打やフォアボールで意地でも出塁しているだけなんですけど。

「年に六〜七冊も書くおおたさんの創作意欲はどこから湧いてくるのですか？」と聞かれることもよくありますが、打席に立ち続けることに必死なだけです。年二冊くらいで生活ができるなら、そうしてます。

と、フリーになってから現在に至る経緯を先にざっと説明しましたが、そのなかでも特に本書のもととなるＡｌｌ　Ａｂｏｕｔでの連載が書かれたころの私の生活について、さらに詳しく振り返ってみます。

フリーになった直後は、前述の「シャチョー」のデザイン会社に間借りして、自宅からそこに通うかたちで働いていました。ですから子ども（そのときはまだチビしか生まれていませんでした）からすれば、パパがカイシャに行って仕事している生活に変わりはありませんでした。

独立して一年後、仕事が軌道に乗ったので、自宅から電車で一〇分の、都心へのアクセスがいい駅の近くに六畳一間のワンルームマンションを借りて、そこを仕事場にしました。当時は借家住まいで、仕事に使えるような部屋が自宅になかったからです。このころは、仕事場で朝を迎えることもよくありました。たとえば第一部・第一〇章の「ママがダウンで非常事態」はそのころのエピソードです。Ａｌｌ Ａｂｏｕｔでの連載が始まったのもこのころ、二〇〇六年一〇月です。

二〇〇七年三月、私にとってはまったく想定外の知らせが二つありました。一つは母の膵臓《すいぞう》ガン。もう一つは私立川村《かわむら》小学校から、英語の非常勤講師をやってほしいという依頼でした。

母の膵臓ガンは、発見されたときには既に末期でした。六年間、父の介護に必死で、自分の体の異変には気づけなかったのです。

父にはすぐに医療系の介護施設に入ってもらいました。母の抗がん剤治療の送り迎えをしなければならないと思って、生まれて初めてマイカーを買いました。回復したら、私の家の近くに住んでもらおうと思って、住んでいた借家の敷地内にあるアパートの一室を借りました。仕事量をセーブしなきゃと思って、業務委託で請け負っていたリクルートの編集部のデスクの仕事はやめました。でも、そこから数十日とあっという間に、五九歳という若さで、母は亡くなりました。

母のガンを知らされた直後に、小学校からの非常勤講師のお誘いをいただきました。なんでまたこのタイミングで？と思いましたが、教壇に立つことは長年の憧れでしたから、このチャンスを逃す手はない。不安でいっぱいでしたが、やってみることにしました。

母が亡くなったのは、四月、初めての授業をした直後でした。二回目の授業がいきなり忌引きでした。三回目の授業で、私は生徒たちに事情を説明しようとしました。学校からはオールイングリッシュで授業してくれと言われていたので、最初は〝My mother died.〟と説明しました。でも、小学生だから、多くの子は〝die〟なんて単語は知りません。しょうがなく日本語を交ぜます。「お母さん、死んじゃったの」。

その瞬間、子どもたちが「えっ⁉」って顔をして、まだ会って二回目の先生に同情の表情を浮かべてくれたのをいまでも鮮明に覚えています。

第一部・第三章の「釣りロマン」は母を亡くした失意のなかでふらりと釣りにでかけた話です。悲しくて悲しくて、ひりひりした心に、静かな湖の水面と、それを取り囲む山々の緑が沁みました。

母のためにと借りた部屋を仕事場にして、六畳一間のワンルームマンションは引き払いました。第一部・第一〇章の「通勤〇秒生活」は、仕事場を自宅の隣のアパートに移したときの話です。

でも、週三回は学校勤務です。朝四時に起きて、学校に行くために八時に家を出るまでの四時間が、執筆時間です。そんなライフスタイルのなかで書いたのが一冊目の著書の『笑われ力』（ポプラ社）でした。ライター業との二足のわらじは楽ではありませんでしたが、教壇に立って子どもたちの笑顔を見ると、毎度疲れは吹っ飛びました。教員としては極めて力不足だったと思いますけれど、二年間、本当にかけがえのない経験をさせてもらいました。いま、彼らはみんなどうしているかなぁ。

平日は小学校で教えながら、週末には心理カウンセラーの学校に通いました。子育てや教育をテーマにして仕事を続けていくうえで、基礎的な心理学の知識や、カウンセリングの技術が欠かせないと考えたからです。

多少なりとも心理学の理屈がわかったことで、子育てや教育の場面において、子どもや大人の内面に何が起きているのかを推察できるようになりました。また、カウンセリングの技術は、そのままインタビューの仕事にも活かせました。こうして私は、フリーランスのライターとして生きていくための、三つめの〝武器〟を手にしました。

その間、父にはずっと施設で暮らしてもらっていました。親戚からは「お父さんはこのままなのか？」という声が上がり始めます。

ちょうどそのころ、借家の二軒隣に新築の戸建てができました。二〇〇八年のことです。「うぁー、いいなぁ」なんて言って、買うつもりもないのに、内覧させてもらいました。ここなら、じいちゃんといっしょに暮らせそうだし、仕事部屋もつくれるなぁなんて思いました。ちょうどチビが小学校に上がる前で、子ども部屋もつくってあげたいなと思っていました。そこで、思い切ることにしました。

新しい家に引っ越して約半年後の二〇〇九年三月に、Ａｌｌ Ａｂｏｕｔの連載が終了しました。いま思えば、私の人生のなかでも激動の時期に、連載期間がぴったり重なっていましたね。

こうしてじいちゃんとの生活が始まりました。

日中はできるだけデイサービスに行ってもらって、夕方にはヘルパーさんに来てもらって、お風呂に入れてもらいます。介護職をはじめとするたくさんの方々の力を借りて生活が成り立っていました。

そんな生活も、最初は新鮮で楽しかったんです。

でも、ようやくヒメのおむつがとれたと思ったら、じいちゃんのおむつ替え生活です。脳の損傷で自発的行動ができなくなっているだけなので、もりもり食べるし、もりもり出します。成人のおむつ替えは赤ちゃんのおむつ替えとはまったく別次元の仕事です。

食べ物を自分で口に運ぶことは問題なくできますが、じいちゃんはそのスピードを制御できません。黙っていると、リスのように口の中に突っ込めるだけ、刺身も煮物もごはんもお漬物もぜんぶごちゃ混ぜに放り込んでしまいます。だから、食事中はじいちゃんの食べるペースをいちいち指示しなければいけません。これがかなりのストレスで、こっちは食事を楽しむ余裕がなくなります。食卓が楽しくなくなるのが、いちばんつらかったですね。

もちろん「今日はファミレス行こうか！」なんて軽いノリで外食もできません。ちょっとお散歩に出たって、途中で大のおもらしをしてしまったりするので、多目的トイレを探して、そこでおしりを洗浄して、おむつを取り替えなければいけません。週末も、家族で旅行なんてできません。

僕はもともと飲み会なんかが大好きだったんですが、そういうのにもあんまり行かなくなりました。自分が飲み会に行くということは、妻がワンオペで、育児も介護もすることになっちゃうんです。そんな状態では、どんなにいいレストランに連れて行ってもらっても、味わえないんです。

元旦に、みんなでおせちを食べて、ちょっと目を離した隙に、じいちゃんがいなくなってしまったこともありました。杖《つえ》をついて、ひとりで家を出てしまったのです。いわゆる徘徊《はいかい》です。とても危険です。チビにもヒメにも手伝ってもらって、みんなで近所を捜して、やっと見つけました。

極めつけは東日本大震災です。原発の事故もあって、日本がこの先どうなるかわからない状況でした。もし東京がパニックになったら、じいちゃんを連れてのサバイバルは難しい。これではチビやヒメも守れない。そのときは結局ことなきを得ましたが、大きな不安を抱えることととなりました。

はじめは、子育ても介護も似たようなもんだと思っていました。でも違いました。悪くなることはあっても良くなることはほとんどなく、終わりが見えないんです。じいちゃんはまだ年齢としては若いので、こんな生活をしていたら、ヘタしたらじいちゃんより先に、私や妻のほうが死んでしまうのではないかと怖くなりました。

私は次第に父に憎悪の念を抱くようになりました。子育てを助けてほしいタイミングで倒れやがって、おかげでおふくろも死んじゃって、かわいい盛りの子どもたちともっと自由な時間をすごしたいのに、それもできやしない……。

それで、自宅での介護を三年半でギブアップしました。それからはまた施設に入ってもらっています。ときどきお見舞いに行っても、かろうじて私のことは認識しますが、妻やチビやヒメのことは覚えていません。高次脳機能障害のせいです。だから、もう、お見舞いは私一人で行きます。お散歩がてら、施設の近くの安いやきとり屋さんに連れて行くのがせいぜいでしたけど、コロナ禍でそれもできなくなりました。

それにしても、父自身の資金があったことが幸いでした。それがなければ、私はいまも父と暮らしており、介護に追われ、こんなにたくさんの本を書けていなかったと思います。その状態でコロナ禍に見舞われていたら、どんなに窮屈な生活だったでしょう。

でも、世の中には、実際にそういう状況にある方々がたくさんいるわけです。自分だけギブアップできてズルいなという、うしろめたさが、常に心の片隅にひっかかっています。

だからといって卑屈になっているわけにもいきません。そのぶん少しでも自分も誰かの役に立てたらいいなという想いで仕事に取り組んでいます。

二〇一二年には、一二歳年下の妹が結婚しました。父はそういう状態ですから、私が、花嫁の父代理としてあいさつをすることになりました。三九歳でそんな大役を引き受けるはめになるとは思いもよりませんでしたが、ヒメのときの予行演習だと思えばいい経験ですね。父の代理といえば、母の葬儀でも、喪主代理をやりました。

いまは、妻にも働きに出てもらっています。私だっていつ病気になるかもわからないのに、フリーランスの稼ぎで一家を支えるのはプレッシャーが大きすぎて、私からお願いしました。私は相変わらず在宅勤務なので、平日の夕飯の支度は私の役割です。いまはそのライフスタイルが心地いいです。

あ、そうそう。本書収録のエピソードだと、私は相当なのんべぇキャラになっていますが、二〇一八年からお酒は控えるようになりました。これといった失敗があったわけではありませんし、長生きしたいとも思っていないのですが、単純に、飲まないほうがコンディション良く仕事ができることがわかったからです。

飲み会でみんながとりあえずビールを頼むようなときには付き合いますし、料理屋さんでおいしい塩辛が出てくれば日本酒をちょっとすすったり、赤身のステーキが出てくれば赤ワインを頼んだりはしますけど、常飲はしません。

我慢しているわけではなくて、ときどき無性にマクドナルドが食べたくなったり、ポテトチップが食べたくなったりするように、仕事の状況に余裕があって、無性に飲みたい気分のときは、たまにはがっつり飲みます。でも、昔のように惰性で飲み続けたりはしません。ちょっぴり大人になりました。

金曜日の夜は、先に夕飯の支度をすませ、会社帰りの妻と待ち合わせして、一週間のお疲れ様として、パブで黒ビールを乾杯します。結婚前、会社帰りにおちあうのはいつもアイリッシュパブだったからです。

ただでさえ乏しい筆力を最大出力するためには、やっぱりコンディションが大切なので、体調管理のためによく歩くようにもなりました。朝の六時から執筆を始めて、一五時くらいには終わりにして、そのあと打ち合わせや取材対応がなければ、五〜一〇キロメートルをゆっくり歩きます。すると、体だけでなく頭もスッキリしますし、夜もよく眠れます。その生活リズムが保てているときは執筆がはかどります。

こんな気ままな父親を見ていたら、子どもたちも社会不適合者になっちゃうんじゃないかと思います。まあ、いまの窮屈な社会に過剰適応するよりは、そのほうがましかなと思ったりもします。キミたちなら、なんとかなるさ。

あとがきのつもりが、つい、自分語りが長くなりました。これまで自分のことなんてほとんど書いたことなかったのに。これも年をとったということなのでしょうか。

さて、一〇〇冊・一〇〇万部を達成したら、駄菓子屋さんを始めます。

きっと駄菓子屋さんが私の天職で、いままで本を書いたり、メディアに出たり、いろいろしたことすべてが、駄菓子屋さんになるために必要な回り道だったとわかる日が来るんじゃないかという予感がしています。

なんとなくこの本のしめくくりにふさわしいかなと思って、冒険家の星野道夫さんの言葉を紹介します。

一つの体験が、その人間の中で熟し、何かを形づくるまでには少し時間が必要だ。子どものころに見た風景が、ずっと心の中に残ることがある。いつか大人になり、さまざまな人生の岐路に立った時、人の言葉ではなく、いつか見た風景に励まされたり、勇気を与えられたりすることがきっとある。

（星野道夫『長い旅の途上』より）

この本を書かせてもらったことで、子育ての〈第三幕〉（12ページ参照）が終わったような気がします。明日もし私が突然死んじゃっても、チビとヒメがいつかこれを読んでくれれば、それでいいかなって思えています。

ありがとうございました。

二〇二三年六月　おおたとしまさ

本書は、二〇〇九年十月、赤ちゃんとママ社より刊行された『パパのネタ帖』を文庫化にあたり、『人生で大切なことは、ほぼほぼ子どもが教えてくれた。』と改題し、大幅に加筆し、再編集しました。

初出
All About webマガジン「チビタス」
二〇〇六年十月～二〇〇九年三月

本文デザイン／尾原史和（ブートレグ）
本文イラスト／花くまゆうさく

集英社文庫

人生《じんせい》で大切《たいせつ》なことは、ほぼほぼ子《こ》どもが教《おし》えてくれた。

2023年8月30日　第1刷　　定価はカバーに表示してあります。

著　者　おおたとしまさ

発行者　樋口尚也

発行所　株式会社 集英社
東京都千代田区一ツ橋2-5-10　〒101-8050
電話　【編集部】03-3230-6095
【読者係】03-3230-6080
【販売部】03-3230-6393（書店専用）

印　刷　図書印刷株式会社

製　本　図書印刷株式会社

フォーマットデザイン　アリヤマデザインストア　　マークデザイン　居山浩二

ISBN978-4-08-744563-3 C0195